댕글댕글~
갯벌에 사는 친구들

글·사진

이학곤

인천예송초등학교 교장으로 근무하고 있습니다. 학생들에게 갯벌을 가르칠 자료나 학생 교재가 부족한 점을 느껴 대학원을 다니며 우리나라 여러 곳의 갯벌을 찾아서 공부했습니다.

지은 책으로는 《갯벌환경과 생물》(문화관광부 우수도서 선정), 《갯벌 우리 집이 좋아!》(환경부 우수환경 도서 선정), 《갯벌 환경교육의 실제》, 《갯벌 끈끈한 내 친구야》 등이 있습니다.

함께 지은 책으로는 해양수산부에서 펴낸 《놀며 배우는 바다의 세계》, 《바닷가에 가 보아요》, 국토해양부에서 펴낸 《갯벌의 이해와 교육》, 시화호 생명지킴이에서 펴낸 《연우와 함께하는 습지 이야기》 등이 있습니다.

해양 교육 발전에 기여한 공로로 〈제16회 장보고대상(국무총리상)〉(해양수산부 주관)을 수상하였습니다.

댕글댕글~
갯벌에 사는 친구들

초판 2쇄 발행일 2024년 6월 7일
초판 1쇄 발행일 2023년 11월 30일

글·사진 이학곤
펴낸이 이원중

펴낸곳 지성사 **출판등록일** 1993년 12월 9일 **등록번호** 제10-916호
주소 (03458) 서울시 은평구 진흥로 68, 2층
전화 (02) 335-5494 **팩스** (02) 335-5496
홈페이지 www.jisungsa.co.kr **이메일** jisungsa@hanmail.net

ⓒ 이학곤, 2023

ISBN 978-89-7889-541-5 (73470)

잘못된 책은 바꾸어드립니다. 책값은 뒤표지에 있습니다.

⚠ 주의 사항: 책장에 손을 베이지 않게, 책 모서리에 다치지 않게 주의하세요.

댕글댕글~
갯벌에 사는 친구들

글·사진 이학곤

| 들어가는 글 |

"엄마, 나 오늘 바지락 많이 잡을 거야."
"그래, 열심히 잡아. 엄마가 바지락탕과 맛있는 무침도 해 줄게."
 오래전에 육지와 가까운 갯벌에서 농게를 관찰하면서 촬영에 열중하고 있었습니다. 초등학교 3~4학년쯤으로 보이는 아이와 어머니가 호미와 양파 자루를 들고 바다 쪽으로 걸어가며 나눈 이야기입니다.
 별 관심 없이 촬영에 몰두했던 나는 일정 시간이 지난 후에 후회하는 일이 발생할 줄 몰랐습니다.
"아저씨, 아저씨."
 누군가 나를 부르는 듯한 목소리가 들려왔습니다. 고개를 들고 소리가 나는 쪽을 바라보았더니 아까 그 아이인 듯했습니다.
"아저씨, 여기는 왜 바지락이 없어요? 아무리 호미질을 해도 조개가 한 마리도 없어요."
라고 외치며 나를 뚫어져라 쳐다보았습니다.
"여기는 펄 갯벌이라 바지락이 살지 않아요."
"왜요?"
"바지락이 썰물 때에도 먹이 활동을 해야 하는데 네가 본 것처럼 펄 갯벌에서는 힘들지 않겠니?"
"잘 모르겠는데요?"
"응, 썰물 때에도 갯벌이 바닷물을 머금고 있어야 바지락이 바닷물을 빨아들이고 내뱉으며 먹이 활동을 할 수 있는데…… 이곳은 힘들지 않겠니?"
"그럼 어느 갯벌로 가야 바지락을 볼 수 있어요?"
"펄과 모래 또는 잔자갈이 섞여 있는 혼성 갯벌로 가야 한단다."
 어머니와 아이가 뭍으로 나가는 뒷모습을 보며 진작에 알려줄 걸 하는 생각이 문득 들었습니다.

　사람들은 바닷가 주변 환경은 모두 비슷할 것이라고 생각합니다. 그러나 펄 갯벌, 염습지, 혼성 갯벌, 바위 해안, 모래 갯벌, 해안 사구 등은 저마다 환경이 독특하고 다양합니다. 각각의 환경이 다르기 때문에 그곳에 적응하며 사는 생물도 모두 다릅니다. 갯벌의 기본적인 환경 특성은 〈일러두기〉로 정리해 놓았습니다.

　바닷가 주변에는 우리가 알고 있지 못한 무수한 생물이 살고 있습니다. 이 책에서는 각각의 환경에서 살고 있는 대표적인 생물 몇 종을 소개했습니다. 더 많은 생물을 공부하고 새롭게 소개해야 할 일은 앞으로 여러분의 몫입니다. 우리 땅에서 함께 살아가는 동식물을 공부하고 알아가는 것은 소중한 일이지 않을까요?

　유네스코(UNESCO, 유엔교육과학문화기구 United Nations Educational, Scientific and Cultural Organization의 줄임말)에서는 2021년 우리나라 서해와 남해에 있는 '한국의 갯벌(충남 서천 갯벌, 전북 고창 갯벌, 전남 신안 갯벌, 전남 보성·순천 갯벌)'을 세계자연유산으로 등재했습니다. 자연유산으로 등재된 자연환경은 세계적으로 약 200여 곳에 지나지 않습니다. 우리나라 갯벌이 그만큼 소중하다는 의미입니다. 등재된 자연유산이 지속적으로 유지될 수 있게 소중한 우리의 갯벌에 관심을 가지고 사랑하기를 바랍니다.

이학곤

차례

들어가는 글	4
일러두기	8

펄 갯벌과 염습지

기수우렁이	18
갯우렁이	20
대추귀고둥	21
가리맛조개	22
꼬막	23
새꼬막	24
피조개	25
낙지	26
참갯지렁이	27
흰이빨참갯지렁이	28
가지게	29
갈게	30
방게	31
참게	32
세스랑게	33
칠게	34
펄털콩게	36
농게	37
흰발농게	38
말뚝망둑어	39
짱뚱어	40
갯길경	41
갈대	42
갯잔디	44
천일사초	46
지채	47
갯개미취	48
사데풀	49
비쑥	50
가는갯능쟁이	51
나문재	52
방석나물	53
퉁퉁마디	54
칠면초	56
해홍나물	58

혼성 갯벌

왕좁쌀무늬고둥	60
민챙이	61
모시조개	62
떡조개	63
바지락	64
갈색새알조개	65
새조개	66
키조개	67
개맛	68
두토막눈썹참갯지렁이	69
털보집갯지렁이	70
가시닻해삼	71
넓적왼손집게	72
꽃게	73
민꽃게	74
도둑게	75
밤게	76
딱총새우	77
긴발딱총새우	78
쏙	79
풀망둑	80

바위 해안

갈고둥	82
총알고둥	83
둥근얼룩총알고둥	84
큰뱀고둥	85
눈알고둥	86
보말고둥	87
개울타리고둥	88
피뿔고둥	89
대수리	90
맵사리	91
호롱애기배말	92
배무래기	93
흰삿갓조개	94
꽃고랑딱개비	95

전복	96
군부	97
연두군부	98
털군부	99
굴	100
굵은줄격판담치	101
지중해담치	102
홍합	103
파래가리비	104
석회관갯지렁이	105
담황줄말미잘	106
풀색꽃해변말미잘	107
돌기해삼	108
보라성게	109
우렁쉥이	110
미더덕	111
거북손	112
검은큰따개비	113
고랑따개비	114
빨강따개비	115
조무래기따개비	116
꽃부채게	117
풀게	118
무늬발게	120
납작게	121
사각게	122
갯강구	123
불등풀가사리	124
작은구슬산호말	125
다시마	126
지충이	127
톳	128
청각	129
가시파래	130

모래 갯벌

댕가리	132
비단고둥	133
황해비단고둥	134
큰구슬우렁이	135
개량조개	136
동죽	137
맛조개	138
백합	139
빛조개	140
주꾸미	141
개불	142
검은띠불가사리	143
별불가사리	144
아무르불가사리	145
하드윅분지성게	146
바다선인장	147
그물무늬금게	148
길게	149
달랑게	150
범게	151
엽낭게	152
속살이게류	153
갯가재	154
쏙붙이	155
자주새우	156

해안 사구

갯그령	158
갯쇠보리	159
좀보리사초	160
통보리사초	161
갯메꽃	162
갯완두	163
갯방풍	164
갯씀바귀	165
모래지치	166
수송나물	167
순비기나무	168
해당화	169

찾아보기	170

일러두기

갯벌이란?

강물은 육지의 퇴적물을 바다로 운반합니다. 이때 바닷가로 운반된 퇴적물은 썰물 때에는 바다 쪽으로 밀려갔다가 밀물 때에는 육지 쪽으로 밀려오는 왕복운동을 합니다. 이런 운동이 오랜 시간 계속되면서 갯벌이 이루어집니다. 이처럼 바닷물이 밀려오면 바다가 되고, 빠져나가면 평평하게 드러나는 바닷가의 넓은 지역을 갯벌이라고 합니다.

갯벌의 종류는?

갯벌은 퇴적물 알갱이의 크기에 따라 펄 갯벌, 혼성 갯벌, 모래 갯벌 등으로 구분합니다. 갯벌의 유형은 밀물과 썰물에 따른 바닷물의 높이나 속도, 파도의 작용, 바닷가 주변의 지형 특성 등 여러 가지 요인이 복합적으로 작용하기 때문에 지역에 따라 다르게 형성됩니다.

펄 갯벌은 퇴적물 알갱이의 크기가 0.0039밀리미터 이하인 점토(진흙)와 0.0039~0.0625밀리미터인 미사(가늘고 고운 모래)가 90퍼센트 이상을 차지하는 펄로 이루어진 갯벌입니다. 펄 갯벌과 육지 사이에는 바닷물의 영향을 받는 염습지가 있습니다.

모래 갯벌은 퇴적물 알갱이의 크기가 0.0625~2밀리미터인 모래가 90퍼센트 이상을 차지하는 갯벌입니다. 모래 갯벌과 육지 사이에는 해안 사구(바닷가 모래언덕)가 있습니다.

혼성 갯벌은 모래와 펄 퇴적물이 각각 90퍼센트 미만으로 섞여 있는 갯벌입니다.

그리고 육지와 바다의 경계면에 바위 해안이 있습니다. 바위 해안은 왕자갈보다 큰 돌덩어리의 크기가 256밀리미터 이상으로 이루어진 지역입니다. 자갈 지역은 알갱이의 크기가 2~4밀리미터인 왕모래, 알갱이의 크기가 4~64밀리미터인 잔자갈, 알갱이의 크기가 64~256밀리미터 왕자갈 지대로 구분합니다.

그 밖에 바닷가 주변에는 바다로 사방이 둘러싸인 섬, 강과 바다가 만나는 하구, 육지가 바다로 돌출하여 삼면이 바다로 둘러싸인 반도나 곶, 바다가 육지 속으로 깊이 파고들어 와 있는 만(灣), 강어귀에 퇴적층을 이루는 삼각주 등 다양한 환경이 펼쳐집니다.

갯벌의 환경 특성은?

 펄 갯벌

펄 갯벌은 바닷물의 흐름이 느린 만 지역이나 육지와 가까운 지역에 미세한 퇴적물의 알갱이가 쌓여서 이루어진 지역입니다. 펄 갯벌 퇴적층의 특징은 모래와 비교하여 퇴적물 알갱이가 매우 작기 때문에 물이 잘 빠지지 않아서 퇴적층 속에 바닷물이나 공기가 순환하는 데 시간이 오래 걸립니다. 다시 말해, 펄 갯벌 퇴적층 속은 퇴적층 위의 신선한 바닷물과 공기가 바뀌는 시간이 길다는 뜻입니다. 갯벌 퇴적층의 윗부분은 노란색이나 황갈색을 띱니다. 중간 지역은 회색이며, 아랫부분은 검은색입니다. 노란색과 황갈색 층에는 산소가 필요한 박테리아(단세포생물)들이 살아가며, 건강한 지역입니다. 검은색 층은 산소 없이도 살 수 있는 박테리아들이 살아가는 곳으로, 흔히 오염된 지역입니다. 회색 층은 중간적인 특성을 나타내는 지역입니다.

갯벌 퇴적층

이러한 펄 갯벌의 퇴적층 속에 게, 갯지렁이, 조개 등 생물들이 뚫어놓은 구멍 속으로 신선한 바닷물과 산소가 공급되면 노란색과 황갈색 층의 범위가 더욱 늘어납니다. 이러한 사실을 통해서 우리는 갯벌에 사는 수많은 생물이 갯벌 환경을 정화시키는 데 중요한 역할을 한다는 사실을 알 수 있습니다.

펄 갯벌

 염습지

　펄 갯벌과 육지 사이에 자리하고 있는 염습지는 주기적으로 밀물과 썰물의 영향을 받는 습지입니다. 하천에서 운반된 퇴적물과 밀물·썰물에 따른 퇴적물이 퇴적되어 갯벌 상부에 형성됩니다. 밀물 때 바닷물에 잠기는 횟수가 적은 상부로 갈수록 염습지 식물이 자라는 지대가 크게 발달합니다. 시간이 지나면서 퇴적층의 지대가 높아져 바닷물에 잠기는 횟수가 점점 줄어들어 서서히 육지로 변합니다.

　염습지에는 식물 세포액 속에 염분(소금기)을 축적하며 염분에 잘 견디는 염생식물이 살아갑니다. 염생식물은 같은 종류끼리 무리 지어 사는 것이 특징이며, 미세한 펄 퇴적층에 뿌리를 내리고 뻗어가면서 밀물과 썰물에 따른 침식 활동을 억제합니다. 줄기나 잎은 바닷물이 흐르는 속도를 감소시킵니다.

　염습지는 장마철이나 가뭄에 염분 변화가 심하고, 여름과 겨울의 기온 차가 심합니다. 이 때문에 염습지는 다양한 생물이 살아가기에 부적합한 환경이라서 이러한 환경에 적응력이 있는 생물만이 살아갑니다. 비록 다양한 생물이 살지는 않지만 갯벌보다 서식 밀도가 비교적 높은 편입니다. 염생식물은 매년 죽살이를 반복하면서 죽은 식물이 잘게 쪼개져 흩어지기 때문에 식물에는 거름으로, 동물에는 먹이가 되는 갯벌 생태계 먹이망의 기초가 되기도 합니다.

염습지

 혼성 갯벌

혼성 갯벌은 펄 갯벌과 모래 갯벌의 중간적인 지형입니다. 일반적으로 펄 갯벌은 바닷물의 흐름이 느린 육지 쪽과 가까운 갯벌 상부에 형성됩니다. 이와 달리 모래 갯벌은 바닷물의 흐름이 빠른 바다 쪽과 가까운 갯벌 하부에 형성됩니다. 혼성 갯벌은 펄 갯벌과 모래 갯벌의 중간 지대인 갯벌 상부와 하부 사이에 형성됩니다. 그러나 같은 지역의 갯벌이라 해도 지형이나 바닷물의 흐름에 따라 퇴적물의 퇴적 속도가 다르고 구성 성분도 달라집니다.

갯벌은 바닷물의 흐름에 영향을 크게 받기 때문에 모래 갯벌과 펄 갯벌의 경계선을 명확히 나누기는 어렵습니다. 따라서 혼성 갯벌에서는 간혹 모래 갯벌이나 펄 갯벌에 서식하는 생물이 동시에 발견되기도 합니다. 이러한 이유는 펄과 모래로 이루어진 갯벌 퇴적층이 펄 갯벌의 퇴적층보다 신선한 바닷물과 공기를 접하는 데 유리하기 때문입니다. 그리고 모래 갯벌의 퇴적층보다 퇴적층이 안정되어 있어 생물이 살아가기에 유리한 환경이기도 합니다. 다시 말해, 혼성 갯벌은 퇴적층에 일정량의 물기를 머금고 있기 때문에 바닷물의 온도 변화와 소금기의 농도 변화가 크지 않아 펄 갯벌보다 생활하기에 좋은 장점이 있습니다.

펄 갯벌 생물처럼 견고한 집을 짓지는 못하지만 모래 갯벌보다 퇴적층이 안정적입니다. 이곳에서는 썰물 때에도 몸체 보호나 먹이 활동에 유리한 빨대 모양의 관을 이용하는 갯지렁이, 바닷물을 빨아들이고 뿜어내는 관을 이용하여 생활하는 조개들을 관찰할 수 있습니다.

혼성 갯벌

 **바위 해안**

바위 해안은 생물이 살기에 매우 힘든 장소입니다. 특히 파도, 밀물과 썰물, 염분, 빛, 해류, 온도 등이 생물에게 매우 불편한 환경으로 작용합니다.

파도는 바위에 붙어 사는 생물에게는 위협적인 존재입니다. 거센 파도로 바위에서 떨어지면 생명이 위험합니다. 또 썰물이 일어나는 시간대에는 생물이 공기 중에 노출되어 온도와 염분의 급격한 변화와 건조에 견뎌야 합니다. 장시간 햇빛을 받으면 극심한 온도 변화로 먹이를 구하는 시간도 줄어듭니다.

뜨거운 여름철에는 염분 농도가 높아지고, 장마철 폭우에는 염분 농도가 줄어듭니다. 반대로 장점도 있습니다. 파도가 치면 물보라는 밀물과 썰물이 일어나는 범위보다 바위 해안 생물의 생활 공간(예, 조무래기따개비)을 넓혀 줍니다. 또한 대기 중의 공기가 물속에 혼합되기 때문에 바닷물 속에 산소가 풍부해지고, 거품이 형성되어 뜨거운 빛의 투과를 줄어들게 합니다.

바닷물의 흐름은 플랑크톤의 이동뿐만 아니라 생물의 어린 종을 여러 곳으로 분산시킵니다. 바위 해안 생물은 좁은 면적에서도 매우 많은 무리가 살아 단위 면적당 지구상의 어느 곳과 비교해도 뒤지지 않을 정도입니다.

바위 해안에서 생물이 잘 살아가는 이유는 먹이의 양이 풍부하고 공기가 신선하며, 덥고, 시원하고, 습하고, 어둡고, 갈라진 틈이 있고, 조수 웅덩이 등 생태적 서식 환경이 다양하기 때문입니다. 이러한 공간은 은신처, 먹이원, 활동 공간 등으로 이용됩니다.

바위 해안

 모래 갯벌

모래 갯벌은 해안선을 따라서 모래와 자갈이 퇴적된 지대입니다. 해안선 주변은 파도와 밀물·썰물의 영향에 따라 수시로 변합니다. 밀물과 썰물의 차가 작은 해안에 모래 해안이 잘 발달합니다. 밀물과 썰물의 차가 크면 모래가 먼바다로 거의 휩쓸려 가서 모래 갯벌이 형성되는 데 불리하기 때문입니다.

모래 갯벌은 모래 알갱이의 크기, 퇴적층의 경사, 파도 등의 영향을 크게 받습니다. 모래 알갱이의 크기는 생물의 분포, 굴 파기, 퇴적층 속에 수분 함유량 유지에 중요합니다. 모래 갯벌의 퇴적층인 0.0625~0.2밀리미터 이하의 미세한 모래는 썰물 때에도 일정량의 수분을 머금고 있어서 생물이 모래 속으로 파고들기가 쉽습니다. 0.6~2밀리미터 정도의 굵은 모래나 자갈은 썰물 때 물이 빠르게 빠져나가 생물이 굴을 파기가 힘듭니다. 퇴적층의 경사에 따라서는 모래 알갱이의 크기와 파도의 상호작용이 이루어집니다. 가벼운 파도가 작용하는 곳은 미세한 모래 운동이 일어나고, 거친 파도가 작용하는 곳은 굵은 모래나 자갈의 활동이 활발합니다.

모래 갯벌은 큰 온도 변화와 염분 변화에 완충제 구실을 하는 장점이 있습니다. 모래 사이에 머금고 있는 물 때문에 썰물 때에도 표층에서 몇 센티미터 아래는 주변 바닷물의 온도와 비슷합니다. 또 모래 사이에 머금고 있는 물이 육상의 물보다 밀도가 높아서 육지의 물이 모래 갯벌의 표층을 덮을지라도 표층 10~15센티미터 아래는 염분 농도의 변화가 거의 없습니다.

모래 갯벌

 **해안 사구**

　해안 사구는 바람의 영향으로 바닷가에서 육지 쪽으로 운반된 모래가 쌓여서 이루어진 모래 언덕입니다. 해안 사구의 일반적인 환경 특성은 퇴적층이 불안정하고 척박합니다. 사막처럼 일교차가 크며, 온도가 높고 건조합니다.

　수천 년에 걸쳐서 이루어진 해안 사구는 해일이나 태풍으로부터 주변 육지를 보호해 주는 완충제 구실을 합니다. 해안 사구에 빗물이 퇴적층 속으로 저장되면 바닷물과 만나서 더 이상 빗물이 스며들기 어려운 층을 이루게 됩니다. 다시 말해, 퇴적층 속에서도 바다와 육지의 경계가 형성되는 것입니다. 보통 때 해변의 모래는 사구로 날아오고, 태풍이 불 때는 사구의 모래가 해변으로 날아갑니다.

　요즘 해안 사구에 도로나 옹벽 등 인공 구조물을 많이 건설합니다. 이러한 구조물로 모래의 이동 경로가 바뀌어 자연적으로 사구를 보호하는 기능을 잃게 됩니다. 다시 말해 모래를 보호하는 시스템이 무너지게 되는 것입니다. 해수욕장이 망가지고, 도로 밑의 퇴적층이 씻겨 나가고, 옹벽이 무너지는 등 해안 침식이 이루어집니다.

　부드러운 식물과 나무 등 사구 식물은 해안 사구를 보호하고 유지하는 데 중요한 역할을 합니다. 사구 식물은 종에 따라 땅속줄기로 번식하거나, 기는 덩굴이 발달하거나, 뿌리를 깊이 내리거나, 강한 햇빛에 적응하기 위해 잎이 두껍고 투박하며, 햇빛을 반사하고, 수분 증발을 방지하는 특징을 지니고 있습니다.

해안 사구

저서생물이란?

바다에 사는 생물은 플랑크톤(plankton), 유영생물(nekton), 저서생물(benthos) 등 크게 세 가지로 나뉩니다. 플랑크톤은 운동 능력이 약해 바닷물의 흐름에 떠다니는 생물입니다. 유영생물은 바닷물의 흐름과 상관없이 스스로 헤엄쳐서 이동할 능력이 있는 생물입니다. 저서생물은 바위나 갯벌 등 바다의 바닥에서 살아가는 생물로 게, 조개, 새우, 불가사리, 따개비, 파래 따위가 있습니다.

저서생물은 일생의 30퍼센트를 부유 유생 시기로 살아가기 때문에 부유생물인지 저서생물인지 명확히 구분하기가 어렵습니다. 그러나 일생의 70퍼센트 이상을 바다의 밑바닥에서 생활하기 때문에 저서생물이라고 합니다. 예를 들어 게는 성체가 짝짓기를 하고 알을 낳아 부화하면 짧은 시기 동안 '조에아'와 '메갈로파'라는 부유 유생 시기를 거쳐서 어린 게로 성장합니다. 이러한 성장기를 거쳐 어른 게인 성체가 됩니다. 바다에 사는 저서생물은 게와 같이 비슷한 생활사를 거칩니다.

해조류는 흔히 '바닷말'이라고 합니다. 부유 생활을 하는 식물플랑크톤도 포함되지만, 우리가 흔히 알고 있는 고착생활을 하는 미역, 다시마, 톳, 청각 등 대형 조류를 가리킵니다. 해조류는 해양 생태계에서 1차 생산을 담당하며 다른 생물의 먹이 자원이자 서식처로서의 중요한 위치를 차지하고 있습니다.

저서생물은 크게 저서동물과 저서식물로 나뉩니다.

저서동물은 먹이나 서식 형태, 크기 등에 따라 구분됩니다. 먹이에 따라 초식동물(성게류, 전복류, 삿갓고둥류 등)과 육식동물(불가사리류, 대수리, 큰구슬우렁이 등)로 나뉩니다. 그리고 모래나 펄 속의 영양분을 섭취하는 퇴적물 섭식자(농게, 참갯지렁이, 엽낭게 등)와 바닷물 속의 영양분을 걸러 먹는 부유물 섭식자(거북손류, 따개비류, 담치류 등), 죽은 생물의 사체를 먹는 부패물 섭식자(밤게, 왕좁쌀무늬고둥, 갯강구 등) 등으로 구분하기도 합니다. 또한 퇴적물 표면에 사는 표생 저서동물(게류, 따개비류, 군부류, 불가사리류 등)과 퇴적물 속에 사는 내생 저서동물(개불류, 백합류, 참갯지렁이류 등)로 나누기도 합니다.

크기에 따라서는 초대형 저서동물(그물코 15밀리미터의 체에 걸리는 동물), 대형 저서동물(그물코 1.0밀리미터 또는 0.5밀리미터의 체에 걸리는 동물), 중형 저서동물(그물코 0.1밀리미터의 체에 걸리는 동물), 소형 저서동물(그물코 0.1밀리미터의 체를 통과하는 동물)로 구분합니다. 그리고 생물 분류군에 따라서 무척추동물(해면동물, 자포동물, 환형동물, 연체동물, 절지동물, 극피동물 등)과 척추동물(저서 어류 등)로 나뉩니다.

저서식물은 해조류(미세조류-규조류, 남조류 등, 녹조류-파래류, 청각류 등, 갈조류-미역, 다시마류 등, 홍조류-김류, 우뭇가사리류 등)와 해산(수중) 현화식물〔거머리말류(잘피류), 말거머리말류(말잘피류), 거북말류〕로 구분합니다.

* 본문에 실린 각 생물의 학명(전 세계에서 공통으로 쓰이는 생물 이름), 크기, 사는 곳에 관한 정보는 주로 '국립생물자원관(https://www.nibr.go.kr)'의 자료를 따랐습니다.
* 학명은 이탤릭체로 표기했으며, 국립생물자원관의 표기법에 따라 과 이름에서 '사이시옷'을 쓰지 않았습니다.
   (예: 망둑엇과→망둑어과)
* 다만, 말뚝망둑어는 국립국어원 표기에 따랐습니다.(국립생물자원관에는 '말뚝망둥어'로 표기)

펄 갯벌과 염습지

기수우렁이(기수우렁이과)

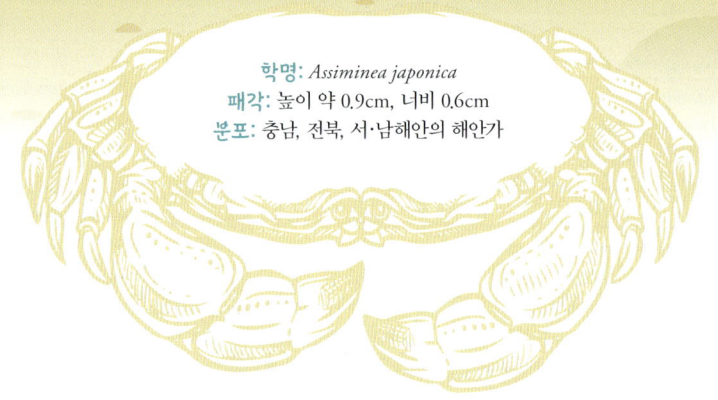

학명: *Assiminea japonica*
패각: 높이 약 0.9cm, 너비 0.6cm
분포: 충남, 전북, 서·남해안의 해안가

육지의 물이 흘러 바닷물과 만나는 곳을 기수라고 해요.
그곳에서 사는 고둥이지요.
주로 축축하고 그늘진 곳에 무리 지어 있어요.
껍데기는 붉은색이지만 펄이 묻어 있거나
식물이 껍데기에 붙어 살고 있어 녹색으로 보이기도 해요.
나사나 소용돌이 모양의 곡선을 나선이라 하고,
나선 모양으로 감긴 층을 나층이라고 하지요.
껍데기의 나층은 4~5층이며 원뿔 모양이에요.

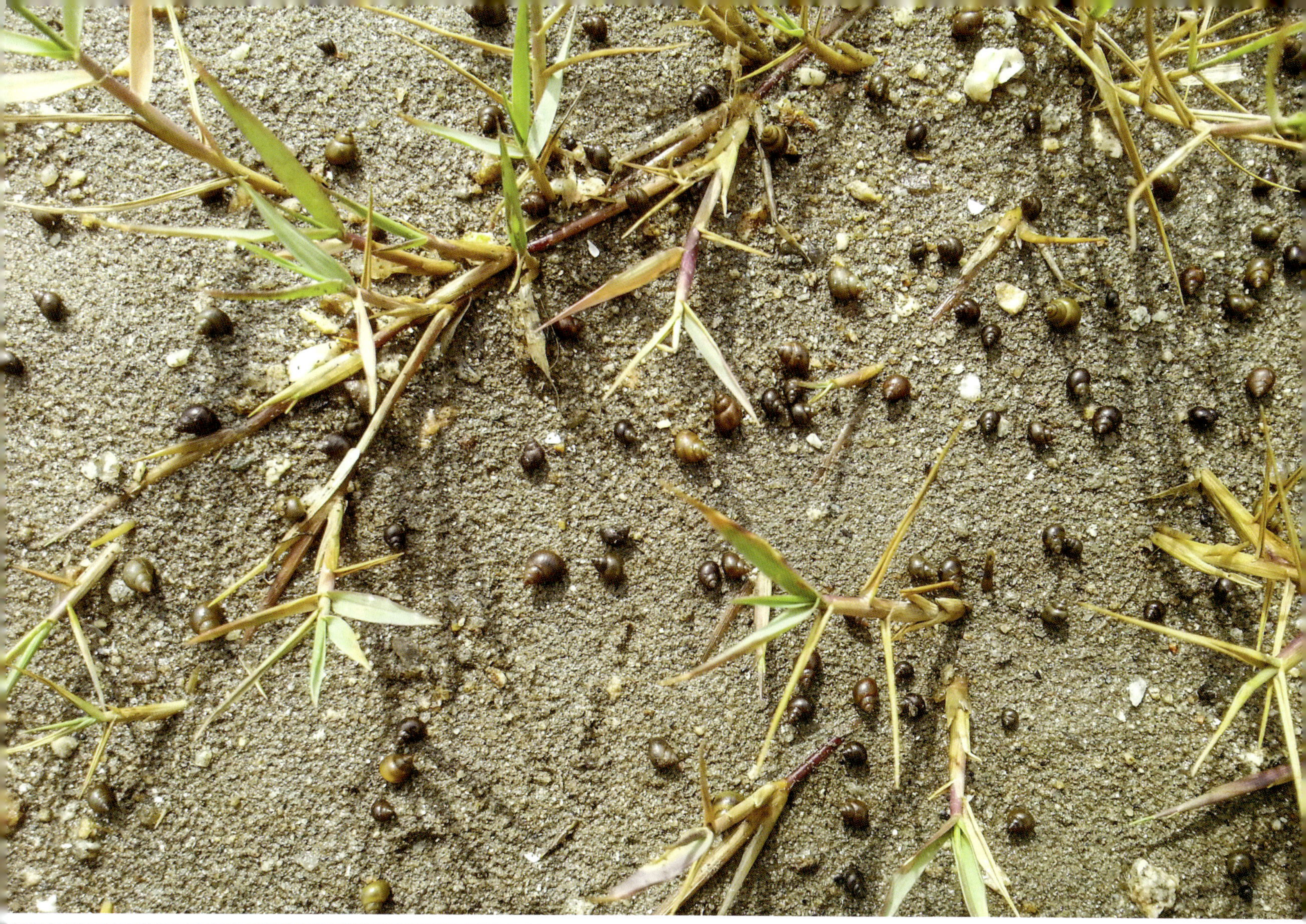
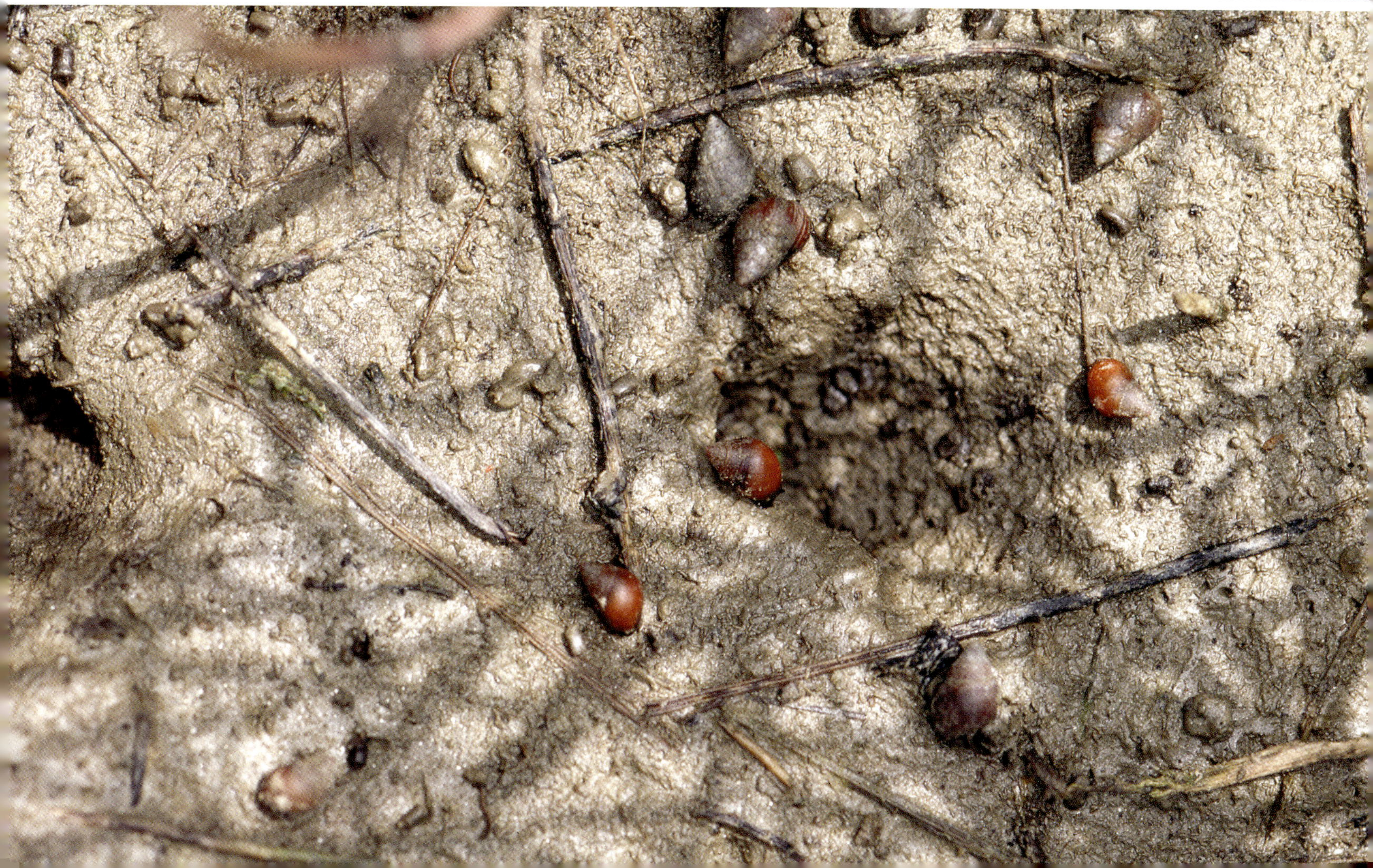

 # 갯우렁이 (구슬우렁이과)

학명: *Laguncula pulchella*
패각: 높이 4.5cm, 너비 3.5cm
분포: 서해안, 남해안

육지에 사는 우렁이와 생김새가 매우 비슷해요.
달걀 모양의 원뿔형인 껍데기는 황색 또는 회백색을 띠고,
꼭대기의 볼록한 부분은 검은색을 띠지요.
머리와 가슴의 구분이 없어요.
발은 내장 안쪽의 벽이 변형된 것이에요.
이동할 때 점액질을 분비하면서 움직이면 도움이 되지요.
마치 배가 발의 역할을 하는 것처럼 보여 '복족류'라고 해요.
갯우렁이도 이동할 때 배를 넓게 펼쳐 기어다녀서
갯벌 표면에 지나간 흔적이 남아요.
조개 따위를 잡아먹는 육식성이에요.

대추귀고둥 (대추귀고둥과)

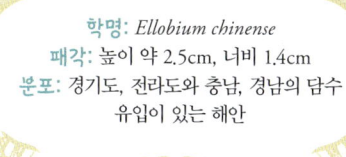

학명: *Ellobium chinense*
패각: 높이 약 2.5cm, 너비 1.4cm
분포: 경기도, 전라도와 충남, 경남의 담수 유입이 있는 해안

생김새가 나무에서 열리는 '대추',
귀를 닮아 붙인 이름이에요.
사라져 가는 생물(멸종위기 야생생물 2급)이라
우리 모두 보호해야 해요.
축축하고 그늘진 곳이나 갯잔디 무리 속에서 살아요.
이 친구들이 사는 곳을 관찰하려면
짧게 끊어진 국수처럼 싸 놓은 똥을 찾으면 되지요.

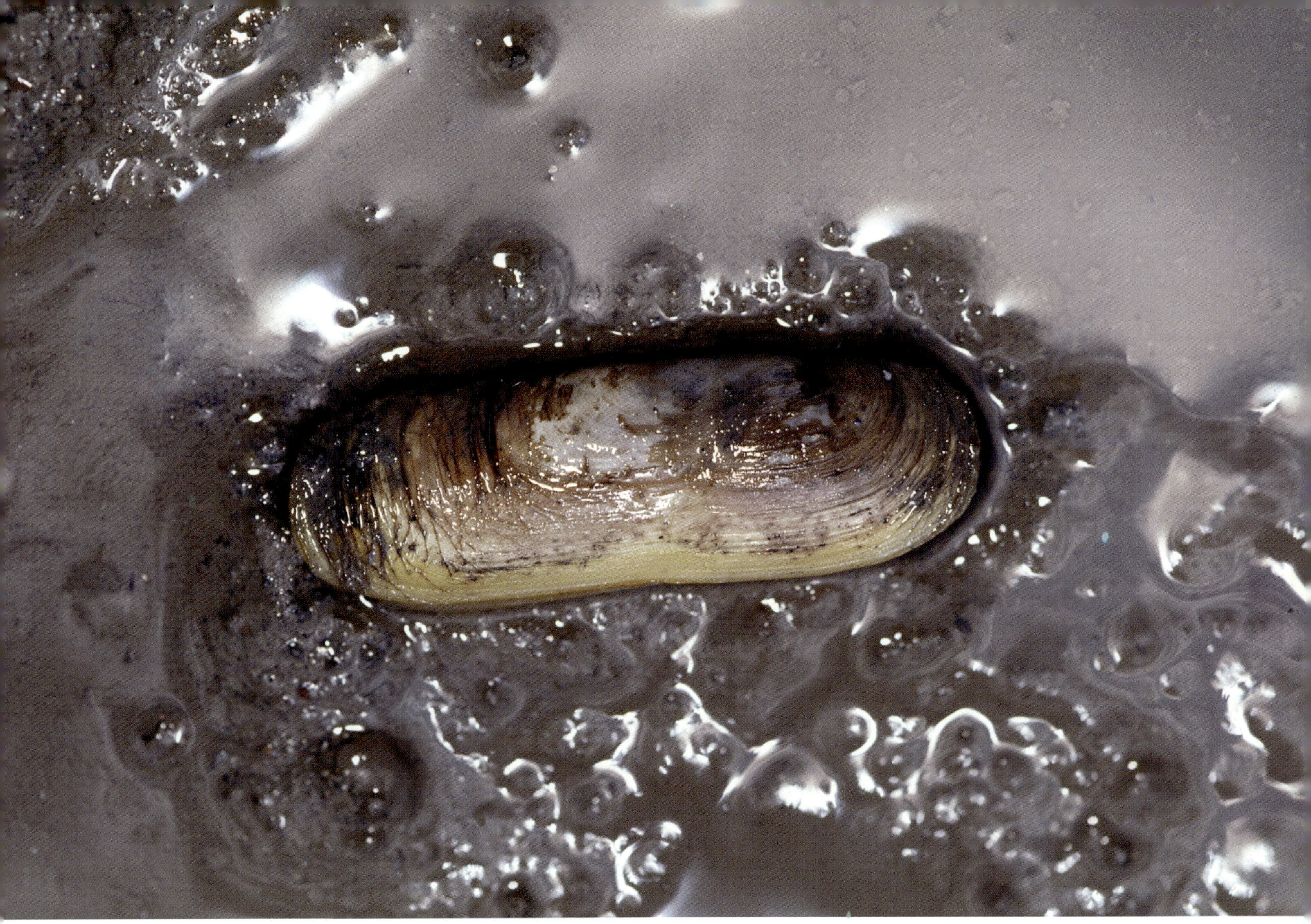

가리맛조개 (작두콩가리맛조개과)

학명: *Sinonovacula constricta*
패각: 길이 10cm, 높이 3cm
분포: 경기, 충남, 전남 해안

생김새가 길쭉한 직사각형인 껍데기는 황갈색을 띠어요.
황갈색이 벗겨진 부분은 하얗게 보이지요.
앞쪽은 약간 둥그스름하고, 뒤쪽은 평평한 모양이에요.
진흙 바닥에 깊숙이 박혀 살아요.
외국에서는 긴 주머니칼처럼 보여
'잭나이프(Jack knife) 조개'라고 부르기도 해요.
껍데기가 얇고 약해서 쉽게 부서져요.

꼬막 (돌조개과)

학명: *Tegillarca granosa*
패각: 길이 5cm, 높이 4cm
분포: 서해안, 전라남도 남해안에서 주로 양식

전라남도 남해안에서 많이 찾아볼 수 있어요.
갯벌에서 이동하기에 좋은 널배(뻘배)를 타고 캐지요.
껍데기가 두껍고 단단하며,
회색빛을 띤 흰색과 갈색이 어우러졌어요.
부챗살 모양으로 도드라진 세로줄(방사륵)이
17~18줄이에요.
끓는 물에 살짝 데쳐 먹거나 양념장에 묻혀서 먹어요.
겨울철에 맛이 제일 좋다고 하지요.

새꼬막 (돌조개과)

학명: *Anadara kagoshimensis*
패각: 길이 7.5cm, 높이 5.5cm
분포: 서해안, 남해안

크기는 꼬막과 피조개의 중간으로,
껍데기 생김새가 네모 모양과 비슷해요.
껍데기에 꼬막보다 가느다란 부챗살 모양의
세로줄이 32줄 정도 있어요.
줄 사이에 잔털이 나 있지요.
옛날에 새꼬막은 제사상에 올리지 못해서
'똥꼬막'이라고도 불렀다고 해요.

피조개 (돌조개과)

여느 **연체동물**과는 달리 껍데기를 벌리면
살이 붉고, 핏물이 많이 나와 붙인 이름이에요.
'피꼬막'이라고도 하지요.
껍데기에 꼬막보다 가느다란 부챗살 모양의
세로줄이 42~43줄 있어요.
세로줄 사이에 짙은 갈색 털이 나 있지요.
꼬막 무리 가운데 가장 크고,
살이 부드럽고 붉어요.

학명: *Scapharca broughtonii*
패각: 길이 12cm, 높이 9cm
분포: 서해안, 남해안

보통 연체동물의 핏속에 구리 성분인
헤모시아닌 단백질이 있어 산소와 만나면
푸른색을 띠지요.
이와 달리 꼬막, 새꼬막, 피조개에는 철 성분인
헤모글로빈 단백질이 있어
산소와 만나면 붉은색을 띱니다.

 # 낙지 (문어과)

학명: *Octopus minor*
몸길이: 30cm(몸통과 다리 포함)
분포: 우리나라 전 해안

다리가 8개이며 머리와 붙어 있어요.
머리, 몸통, 다리로 나뉘지요.
둥근 주머니처럼 생긴 부분이 몸통이에요.
여기에 내장의 여러 기관이 자리하고 있지요.
눈과 입이 있는 머리는 몸통과 다리 사이에 있어요.
몸 색은 대체로 회색이지만 오징어나 문어처럼
자극을 받으면 검붉은색으로 변해요.
위험할 때 먹물을 내뿜어 스스로를 보호하지요.
'허약한 소에게 낙지를 먹이면 건강해진다'고
할 정도로 영양이 풍부해요.

참갯지렁이 (참갯지렁이과)

학명: *Hediste japonica*
몸길이: 10cm
분포: 우리나라 전 해안

몸은 고리 모양의 마디가
100여 개 정도 연결되어 있어요.
등 쪽은 짙은 갈색이고, 배 쪽은 살구색이에요.
입마디에 길이가 다른 기다란 수염이 4쌍 있지요.
육지의 물과 바닷물이 만나는 곳에 주로 살아요.
주로 갯벌에 있는 유기물이나 작은 무척추동물을 먹지요.
낚시 미끼로 사용해요.

흰이빨참갯지렁이의
먹이 활동 흔적

흰이빨참갯지렁이 (참갯지렁이과)

학명: *Paraleonnates uschakovi*
몸길이: 100~200cm
분포: 서해안의 강화도, 전남 해안

우리나라 서해안과 남해안에서 살아요.
몸은 짙은 녹색이며, 뒷부분으로 갈수록 옅어져요.
펄 바닥에 붙은 규조류를 먹고 살아요.
갯벌에 흘러드는 유기물을 분해하여
갯벌을 깨끗이 하거나 갯벌 속에 큰 집을 짓고 살아
갯벌 깊숙이 산소를 공급한다고 하지요.
먹이 활동을 한 갯벌 주변은 마치 화가가
꽃을 그려 놓은 듯해요.
매우 빠르고 경계심이 강해서 만나기 어려워요.
해양 보호 생물이기도 해요.

규조류는 식물플랑크톤으로 갈색, 녹색, 녹갈색 등을 띠어요. 밀물 때에는 갯벌 속에 있다가 썰물 때에는 갯벌 표층으로 올라와 활동하는 바다의 1차 생산자이지요. 광합성작용으로 지구의 산소 중 20~50 퍼센트 정도를 만든다고 해요.

등딱지

가지게 (사각게과)

학명: *Parasesarma plicatum*
갑각: 길이 약 2cm, 너비 약 2.5cm
분포: 경기, 충남, 전남, 전북 해안

주로 염습지에 구멍을 파고 살아요.
사각 모양의 등딱지(등 쪽 갑각)는
두껍고 울퉁불퉁하지요.
집게다리는 붉은색을 띠며 혹이 10개 정도 있어요.
바닷물의 영향이 없는 육지에서도 살 정도로
이동 범위가 넓어요.
어린 게는 사람이 접근해도
잘 도망가지 않아서 관찰하기 쉽지요.

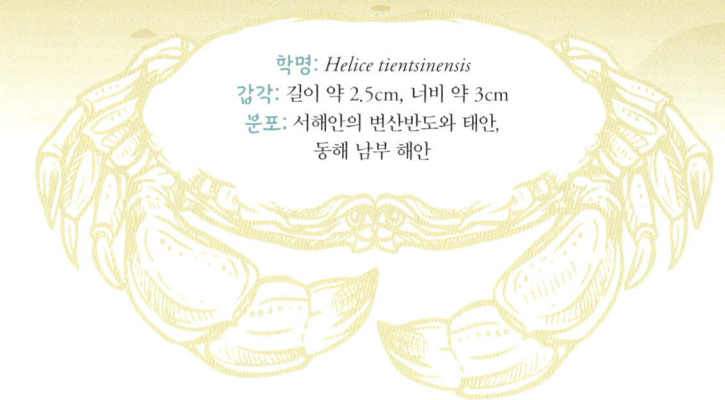

 갈게 (참게과)

육지와 가까운 갯벌에서 구멍을 파고 살아요.
염전에 구멍을 파서 피해를 주기도 하지요.
방게와 생김새가 매우 비슷해요.
눈 아래쪽에 가로로 작은 혹이 43개 정도 있어요.
가운데에 4~5개 혹이 세로로
길쭉하게 보이는 것이 특징이에요.

학명: *Helice tientsinensis*
갑각: 길이 약 2.5cm, 너비 약 3cm
분포: 서해안의 변산반도와 태안, 동해 남부 해안

방게 (참게과)

학명: *Helice tridens*
갑각: 길이 2.5cm, 너비 3cm
분포: 우리나라 전 해안

갈게와 비슷하게 생겼지만
눈 아래쪽에 가로로 작은 혹이 20개 정도 있어요.
집게다리가 억세서 굴속에 파 놓은 진흙을
집 주변으로 한 무더기 쌓아 놓아요.
사람이 접근하면 도망치기도 하지만
양쪽 집게다리를 높이 치켜들고 덤비기도 해요.

참게 (참게과)

학명: *Eriocheir sinensis*
갑각: 길이: 6~7cm, 너비 5~6cm
분포: 경기도 김포와 파주의 한강과 임진강, 전북 부안 변산반도

생김새가 둥그스름한 사각형이에요.
바다와 가까운 육지에서 살아요.
가을철에 번식하기 위해 바다로 가지요.
어린 게가 태어나면 다시 육지로 올라와서 자라요.
집게다리 안쪽과 바깥쪽에 털 뭉치가 있어요.
이마에 이빨처럼 생긴 끝이 뾰족한 돌기가 4개 있고,
그 위로 혹이 3쌍 있지요.
집게발 아래쪽에 짧고 연한 털 뭉치가 있는 것이 특징이에요.

세스랑게 (여섯니세스랑게과)

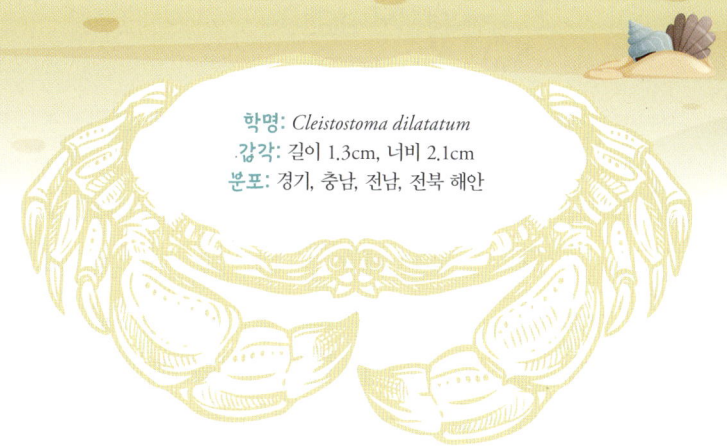

학명: *Cleistostoma dilatatum*
갑각: 길이 1.3cm, 너비 2.1cm
분포: 경기, 충남, 전남, 전북 해안

등딱지가 볼록하고 몸에 털이 많아요.
몸통 양옆 가장자리가 둥글고
길쭉한 네모 모양이에요.
고깔 모양의 집을 짓고 살지요.
집게다리와 걷는다리 발끝이 붉은색을 띠어
별명이 '매니큐어게'예요.
다 커도 몸길이가 2센티미터 정도로 작은 편이지요.

수컷

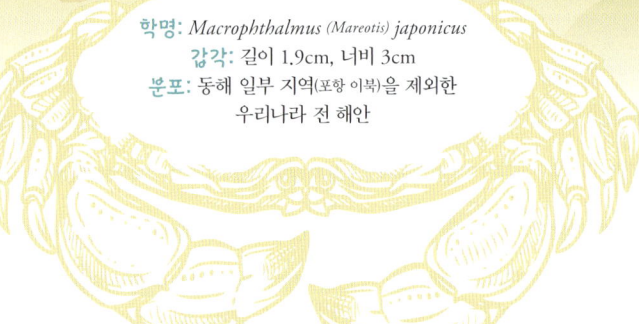

 칠게 (칠게과)

학명: *Macrophthalmus (Mareotis) japonicus*
갑각: 길이 1.9cm, 너비 3cm
분포: 동해 일부 지역(포항 이북)을 제외한 우리나라 전 해안

우리나라 서해안에서 가장 흔하게 보이는
대표적인 종이에요.
펄로 뒤덮여 있어서 등딱지의 털이 잘 보이지 않지요.
눈자루가 길어서 멀리까지 경계를 하며,
사람이나 적이 접근하면 재빠르게 구멍 속으로 숨어요.
여름철 한낮에는 일광욕으로
등딱지의 펄이 말라서 하얗게 보여요.
지역에 따라 게장이나 튀김으로 요리해서 먹지요.

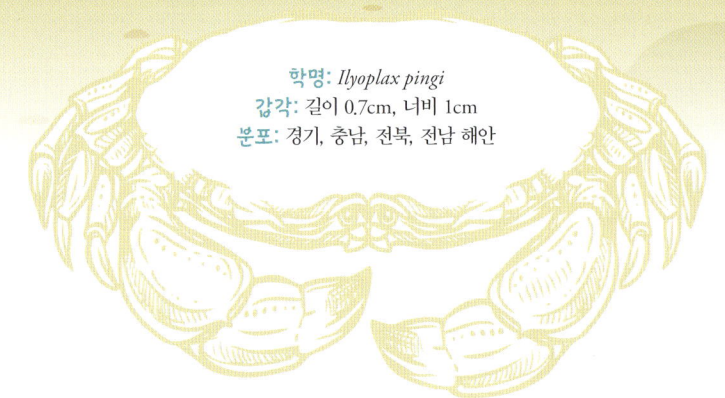

펄털콩게 (콩게과)

학명: *Ilyoplax pingi*
갑각: 길이 0.7cm, 너비 1cm
분포: 경기, 충남, 전북, 전남 해안

이름처럼 콩알 크기 정도로 작고,
전체적으로 네모 모양이에요.
등딱지에 5줄가량의 가로줄에 털이 나 있어요.
경계심이 심하지 않아 가까이 다가가 잠시 기다리면
움직이는 모습을 잘 볼 수 있어요.

농게 (달랑게과)

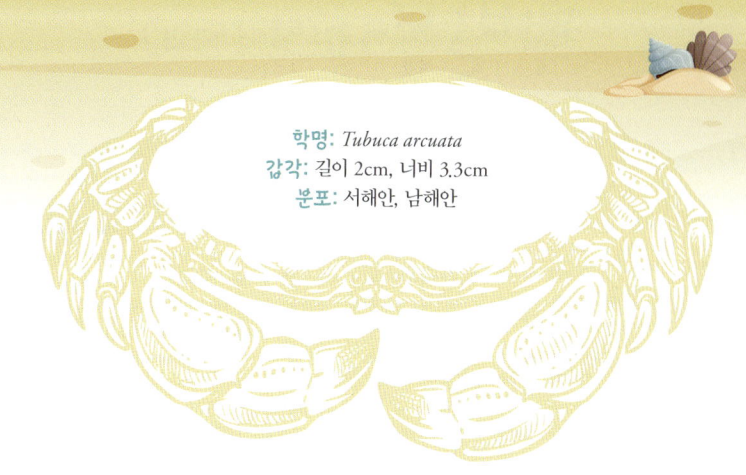

학명: *Tubuca arcuata*
갑각: 길이 2cm, 너비 3.3cm
분포: 서해안, 남해안

몸 생김새가 사다리꼴로 앞쪽이 더 넓어요.
눈자루가 길고 가늘지요.
수컷의 집게다리는 한쪽이 크고 붉으며,
작은 돌기가 많아요.
집게다리를 움직이는 모습이
마치 바이올린을 켜는 듯한 동작 같아
별명이 '바이올린 켜는 게'예요.
수컷은 집게다리를 위로 올렸다가 내리기를
반복하면서 자신을 뽐내지요.

흰발농게 (달랑게과)

생김새는 앞이 넓고 뒤가 좁은 사다리꼴이에요.
수컷의 집게다리는 한쪽이 아주 크고,
색이 하얗고 매끄러워요.
그 집게다리가 우유빛이라
'우윳빛 바이올린 연주자'라는 별명이 있어요.
수컷은 마치 가슴을 치는 것과 같은
동작을 반복하며 자신을 뽐내요.
진흙 바닥에 수직으로 구멍을 뚫고 살지요.
멸종위기 야생동물 2급이며
인천의 깃대종(어느 지역을 대표하는 동식물의 종)이에요.

학명: *Austruca lactea*
감각: 길이 약 0.9cm, 너비 1.4cm
분포: 강화도 등 서해안

말뚝망둑어 (망둑어과)

학명: *Periophthalmus modestus*
몸길이: 7~10cm
분포: 서해안, 남해안

물속뿐만 아니라 물 밖에서도 숨을 쉬는 물고기예요.
배지느러미를 빨판(흡반)처럼 이용해
썰물 때 바닷가 바위나 말뚝에 올라가 쉬기도 하지요.
펄 위로 튼튼한 가슴지느러미와 꼬리지느러미를 이용하여
튀어오르며 뛰어다니거나 기어다녀요.
몸이 뒤로 갈수록 옆으로 납작하지요.
두 눈이 머리 윗부분에 볼록하게 솟아 있어요.
두 눈을 껌벅거리는 모습이 귀여워요.

짱뚱어 (망둑어과)

학명: *Boleophthalmus pectinirostris*
몸길이: 10~15cm
분포: 서해안, 남해안

몸 전체에 하늘색 점들이 흩어져 있어요.
등지느러미와 꼬리지느러미에도
하늘색 점들이 줄무늬를 이루고 있지요.
말뚝망둑어처럼 물속과 물 밖에서 숨을 쉬어요.
물이 빠질 때에는 펄을 기어다니면서 먹이를 찾고,
물이 들어올 때에는 굴을 파고 숨어 있지요.
피부호흡을 하기 때문에 피부가 마르지 않게
자주 좌우로 몸통을 뒤집는 행동을 해요.
겨울잠을 자는 물고기라 '잠둥어', '잠퉁이'라는 별명이 있어요.

갯길경 (갯길경과)

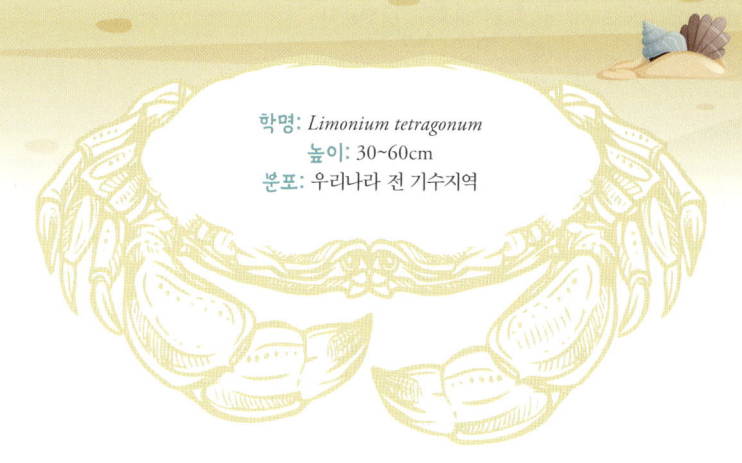

학명: *Limonium tetragonum*
높이: 30~60cm
분포: 우리나라 전 기수지역

바닷가에서 자라는 두해살이풀이에요.
'갯질경'이라고도 해요.
뿌리에서 나오는 주걱 모양의 잎이
사방으로 여러 장씩 뭉쳐나요.
긴 꽃대에서 가지가 많이 갈라지지요.
9~10월경에 노란색 꽃이 피어요.
노란색 꽃이 지면 흰색 꽃받침이
마치 꽃처럼 보이지요.

 # 갈대(벼과)

학명: *Phragmites australis*
높이: 100~300cm
분포: 우리나라 전 지역

전 세계 습지에서 볼 수 있으며, 여러해살이풀이에요.
9~10월에 뭉쳐서 피는 꽃은
붉은색에서 붉은 갈색으로 변하지요.
비어 있는 줄기 속으로 산소가 들어가
물과 오염물질을 깨끗하게 해 주어요.
가을에 뿌리줄기를
깨끗이 씻어 말려서 약재로 이용해요.

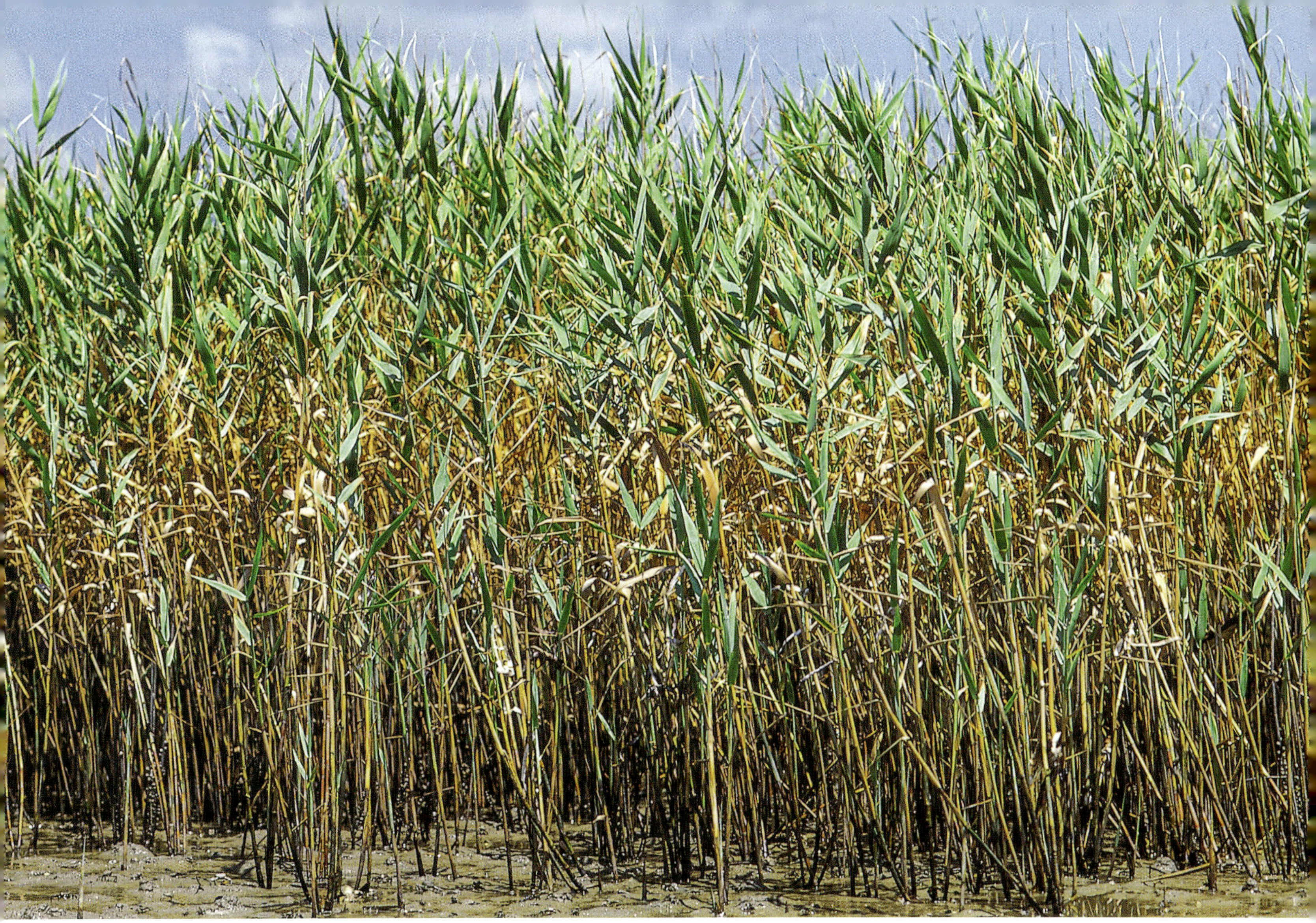

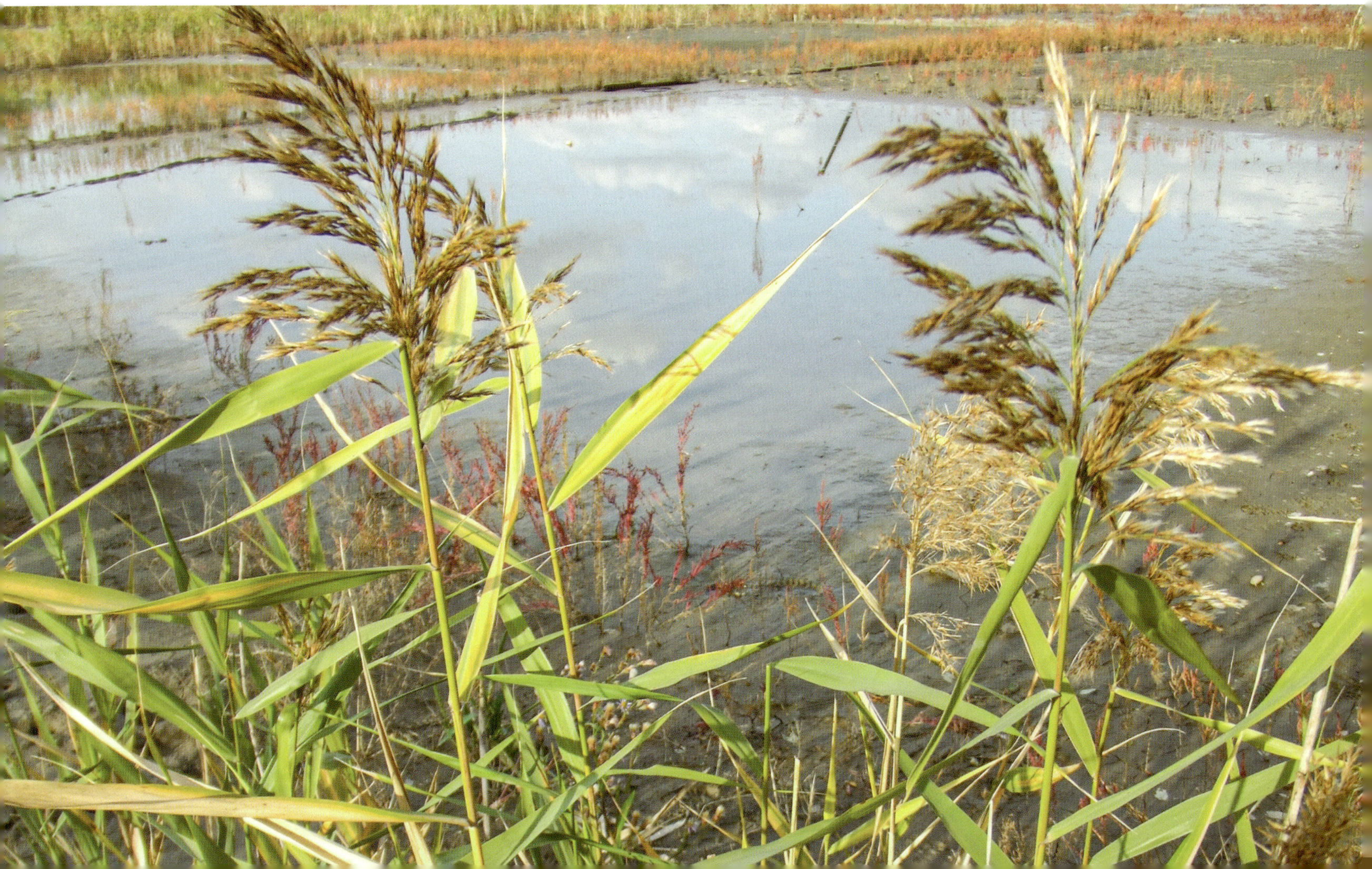

갯잔디 (벼과)

학명: *Zoysia sinica*
높이: 10~30cm
분포: 중부지방 이남의 해안

육지와 가깝고 물 빠짐이 잘 되는
염습지나 모래땅에 사는 여러해살이풀이에요.
땅속줄기가 옆으로 뻗고, 땅위줄기는 곧게 자라지요.
잎은 가장자리가 안쪽으로 약간 오므라들어요.
5~6월에 가늘고 곧게 서는 줄기 끝의
긴 바늘처럼 생긴 부분에서 꽃이 피어요.

천일사초 (사초과)

학명: *Carex scabrifolia*
높이: 30~60cm
분포: 우리나라 전 해안

육지와 가까운, 펄로 이루어진 습지에서
자라는 여러해살이풀이에요.
주로 뿌리줄기로 성장하면서 무리를 이루지요.
줄기는 세모 모양의 기둥이고 까끌거려요.
5~6월에 꽃들이 조밀하게 달려 이삭 모양으로 피지요.
'갯갓사초'라고도 해요.

지채 (지채과)

밀물 때 바닷물에 잠기는
갯벌에서도 자라는 여러해살이풀이에요.
뿌리 끝에서 잎 여러 장이 뭉쳐서 자라지요.
8~9월에 벼 이삭처럼 연한 자줏빛 꽃이 피어요.
잎이 '부추'와 비슷하게 폭이 좁고 길쭉해요.
'갯창포'라고도 하지요.

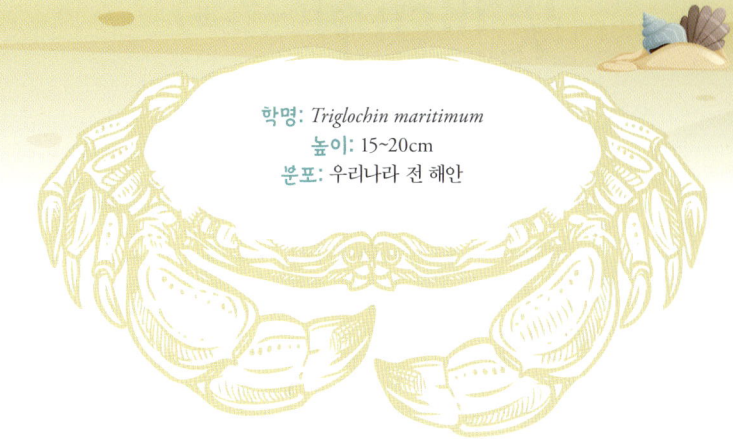

학명: *Triglochin maritimum*
높이: 15~20cm
분포: 우리나라 전 해안

갯개미취 (국화과)

학명: *Aster tripolium*
높이: 100cm
분포: 서해안, 남해안

곧추선 줄기에서 가지가
위쪽으로 넓게 펼쳐지며 자라요.
줄기 밑부분은 붉은빛이 나고,
위쪽 줄기나 잎은 밝은 녹색이에요.
가을에 푸른빛을 띤
연한 자주색 꽃이 피는 한해살이풀이지요.
대개 무리 지어 피어나는데 열매가 맺혔을 때
멀리서 보면 마치 함박눈이 쌓여 있는 것처럼 보여요.

사데풀 (국화과)

학명: *Sonchus brachyotus*
높이: 100cm
분포: 우리나라 전 해안

8~10월에 노란색 꽃이 피는 여러해살이풀이에요.
줄기 끝에서 지름이 3~3.5센티미터인
머리 모양의 꽃이 피어요.
땅바닥 위 뿌리에서 나온 뿌리잎은 꽃이 필 때 시들지요.
줄기에서 나온 잎은 톱니 모양이거나 밋밋해요.
잎 앞면은 녹색, 뒷면은 분을 칠한 듯 흰색이지요.
버려진 염전에 가면 흔히 만날 수 있어요.
주로 바닷가 근처 육지로 변하는 곳에 살지요.

 ## 비쑥 (국화과)

학명: *Artemisia scoparia*
높이: 40~100cm
분포: 우리나라 전 해안

이름은 빗자루처럼 자라는 쑥이라는 뜻이에요.
한해 또는 두해살이풀이지요.
줄기가 땅 바로 위에서 여러 갈래로 뻗어요.
뿌리 윗부분은 자줏빛이지요.
8~9월에 지름 1밀리미터의
노란빛을 띤 갈색 꽃이 피어요.
오줌이 잘 나오게 하는 약재로 쓰인다고 해요.

가는갯능쟁이 (명아주과)

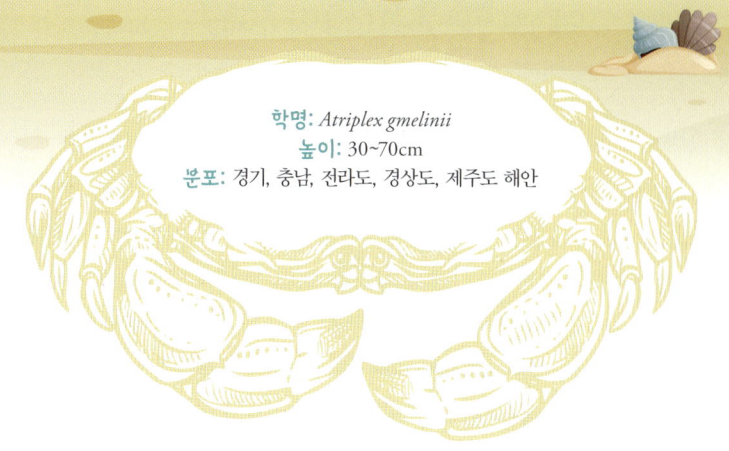

학명: *Atriplex gmelinii*
높이: 30~70cm
분포: 경기, 충남, 전라도, 경상도, 제주도 해안

'가는명아주'라고도 하며, 한해살이풀이에요.
뿌리에서 빨아들인 소금기를 밖으로 내보내
잎에 하얀 가루를 뿌려 놓은 듯해요.
줄기는 자주색이고,
잎겨드랑이에 연한 녹색 꽃이 피어요.
잎 끝부분은 뾰족하지만
전체적인 생김새가 밋밋해서
버드나무 잎과 비슷하지요.

나문재 (명아주과)

학명: *Suaeda glauca*
높이: 30~90cm
분포: 서해안, 제주도 해안

도톰한 바늘 모양의 잎이 빽빽하게 나요.
잎을 따서 맛을 보면 짠맛이 나지요.
어린잎은 끓는 물에 데쳐서 먹어요.
7~8월에 녹색을 띤
노란색 꽃이 피는 한해살이풀이에요.
소금기가 많아지면
아랫부분의 잎부터 붉은색으로 변하다가
말라서 떨어져요.
'갯솔나물'이라고도 하지요.

방석나물 (명아주과)

학명: *Suaeda australis*
높이: 10~25cm
분포: 서해안, 제주도 해안

줄기가 아래쪽에서 여러 갈래로 나뉘어
사방으로 넓게 퍼져요.
땅에 거의 누워서 줄기를 뻗지요.
위에서 보면 방석처럼 보여서 붙인 이름이에요.
9~10월에 꽃이 피는 한해살이풀이지요.
주로 모래가 많이 섞인 곳이나
건조한 곳에서 자라요.

퉁퉁마디 (명아주과)

학명: *Salicornia europaea*
높이: 10~30cm
분포: 서해안, 울릉도 해안

갯벌에서 자라는 한해살이풀이에요.
잎이 없고, 줄기에 마디가 많고 통통해
마치 선인장처럼 보여요.
짙은 녹색 줄기는 가을에 붉은색으로 변하지요.
8~9월에 녹색 꽃이 피지만 아주 작아요.
물기가 많은 곳에서는 잘 자라지 못해요.
식물에 염분을 많이 품어 '함초'라고도 해요.

칠면초 (명아주과)

학명: *Suaeda japonica*
높이: 20~40cm
분포: 서해안(황해도 이남)

무리 지어 자라는 모습이
마치 붉은 양탄자를 깔아 놓은 듯해요.
물기가 많고 적은 것에 상관없이 잘 자라요.
한해살이풀이며, 소금기가 많은 곳에서는
싹부터 붉은색을 띠지요.
원줄기에서 여러 갈래로 가지가 뻗어요.
잎은 뾰족하고 '곤봉' 모양이며, 두툼하고 단면이 둥글어요.
칠면조의 얼굴처럼 붉게 변한다고 해서 붙인 이름이에요.

해홍나물 (명아주과)

학명: *Suaeda maritima*
높이: 30~60cm
분포: 서해안(황해도 이남)

땅바닥 바로 위의 줄기에서 곁가지 없이 똑바로 자라요.
한해살이풀이고, 꽃은 7~8월에 피지요.
잎 전체가 가늘고 길며 반원형이에요.
보통 물기가 없고 소금기가 적은 곳에서 무리 지어 살지요.
가을이면 잎이 통통해지고 붉은색으로 변해요.
갯벌을 붉게 물들이는 나물이라고 해서 붙인 이름이지요.
칠면초는 원줄기에서 여러 갈래로 가지가 뻗고,
해홍나물은 원줄기가 곁가지 없이 똑바로 자라요.

혼성 갯벌

 왕좁쌀무늬고둥 (좁쌀무늬고둥과)

학명: *Reticunassa festiva*
패각: 높이 약 1.5cm, 너비 0.7cm
분포: 서해안, 남해안

단단한 원뿔 모양으로 나층이 8층이지요.
껍데기는 누런빛을 띤 흰색 바탕에 밤색 띠가 있어요.
껍데기에 좁쌀 같은 혹이 있어 붙인 이름이지요.
움직임이 느려서 죽은 생물체를 먹고 살아요.
갯벌 속에 있다가 죽은 생물의 냄새를 맡으면
무리 지어 나타나 먹어 치워
갯벌을 깨끗하게 하지요.

민챙이 (포도고둥과)

학명: *Bullacta exarata*
패각: 높이 2cm, 길이 4cm
분포: 서해안, 남해안

껍데기는 달걀 모양에 누런색 또는 회색이며,
몸의 3분의 2가량만 감싸고 있어요.
껍데기가 매우 얇고 약해서 쉽게 깨져요.
고운 펄 바닥이나 모래 섞인 펄 바닥 위로
기어다니는 모습을 볼 수 있어요.
껍데기가 끈적거리고 매끈하여
펄로 온몸을 감싸고 다니지요.
마치 펄 덩어리가 움직이는 것처럼 보여요.
예전에는 '민칭이'라고 했어요.

 # 모시조개 (백합과)

학명: *Cyclina sinensis*
패각: 길이 5cm, 높이 5cm
분포: 경기, 충남, 전북, 경남 해안

껍데기가 모시 천의 무늬와 비슷하여 붙인 이름이에요.
껍데기 색이 검다고 해서
'가무락조개'라고도 하지요.
동그라미 모양이며,
색깔은 옅은 누런색인데 검게 보여요.
사는 곳에 따라 검은색, 회백색, 갈색을 띠기도 하지요.
우리나라 서해안과 남해안에서 볼 수 있어요.

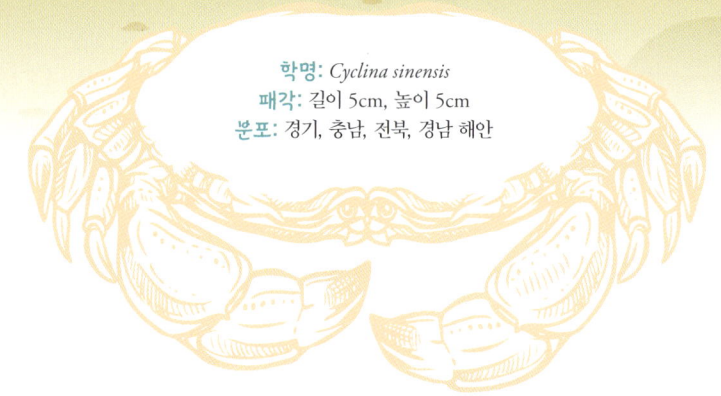

떡조개 (백합과)

학명: *Dosinia japonica*
패각: 길이 7cm, 높이 2.8cm
분포: 충남, 경남, 제주도 해안

껍데기는 둥글고 두꺼우며,
모시조개보다 조금 더 크고 납작한 편이에요.
껍데기는 사는 곳에 따라
흰색, 회백색, 황갈색까지 여러 가지예요.
해감이 쉽지 않아 모래주머니를 떼어 내고 먹어야 해요.

해감은 조개 등이 머금은 펄이나 모래 따위의 찌꺼기,
또는 그것을 뱉어내게 한다는 뜻이에요.

 # 바지락(백합과)

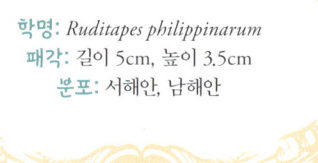

학명: *Ruditapes philippinarum*
패각: 길이 5cm, 높이 3.5cm
분포: 서해안, 남해안

조개는 같은 종류끼리는
양쪽 껍데기의 무늬가 서로 비슷해요.
바지락은 같은 종류라도 껍데기의 무늬가 다르지요.
양쪽 껍데기의 무늬도 조금씩 달라요.
조개를 캘 때 부딪히는 소리가
"바지락바지락" 한다고 붙인 이름이에요.
우리나라 사람이 즐겨 먹는 조개 중 하나이지요.
맛이 있고 살도 통통한 봄이 제철이에요.
찌개나 무침, 칼국수 등 여러 가지 요리에 쓰여요.

갈색새알조개 (새알조개과)

학명: *Glauconome chinensis*
패각: 길이 2~2.5cm, 높이 1~1.5cm
분포: 충남, 전남 해안

긴 타원형으로 껍데기가 얇아
부스러지기 쉬워요.
매끈한 껍데기는 누런빛을 띤 녹색이지요.
모래가 섞인 진흙 바닥이나
육지의 물이 흘러드는 곳에
5센티미터가량 구멍을 파고 들어가 살면서
먹이 활동을 해요.

새조개 (새조개과)

학명: *Fulvia mutica*
패각: 길이 9cm, 높이 9cm
분포: 서해안, 남해안

속살이 검은빛을 띤 갈색으로 새의 부리를 닮았어요.
껍데기는 얇고 가운데가 둥글게 부풀었지요.
껍데기에 가느다란 부챗살처럼
도드라진 세로줄이 40~50줄 있고,
이 주름을 따라 부드러운 털이 촘촘해요.
맛이 좋고 값이 비싸 '조개의 귀족'이라고 해요.
배를 타고 바다에 나가 그물로 잡기 때문에
갯벌에서는 보기 힘들지요.

키조개 (키조개과)

껍데기는 초록빛을 띤 갈색에 세모꼴이에요.
곡식을 까부르는 '키'와 비슷한 모양이라
붙인 이름이지요.
우리나라에 사는 조개 중에서 가장 커요.
칼로 쓸 수 있을 정도로 껍데기가 날카롭지만,
얇아서 잘 부서지는 편이에요.

학명: *Atrina pectinata*
패각: 길이 22cm, 높이 14.5cm
분포: 서해안, 남해안

개맛 (개맛과)

학명: *Lingula anatina*
패각: 길이 4~5cm, 너비 약 1.5cm, 꼬리 발 4~5cm
분포: 인천 영종도, 경기 대부도, 충남 서천, 전북 군산, 전남 영광·순천·여수 해안

지질시대 이후부터 존재한 '살아 있는 화석'이에요.
약 5억 년 전의 생김새와 구조를 유지하고 있지요.
몸은 두 장의 껍데기로 싸여 있어요.
껍데기 속에는 소화와 배설하는 기관밖에 없어요.
꼬리처럼 달린 근육질의 발로 이동하거나 몸의 중심을 잡아요.
발의 길이는 껍데기 길이의 2~3배가 넘기도 해요.
몸통의 일부를 갯벌 위로 내밀고
바닷물 속의 플랑크톤을 걸러 먹으며 살지요.

수억, 수천만 년 전에 살던 생물들은
오랜 세월이 흐르는 동안 다른 모양으로 진화되었거나 멸종되어
지금은 볼 수가 없어요.
하지만 지구가 이루어진 이후부터 역사 시대 이전까지의 지질시대에
살았던 동식물의 유해나 흔적이 지층에 남아 있지요.
이것이 바로 화석입니다. 지금 살아 있는 생물의 모양과
똑같은 화석 속의 생물들을 '살아 있는 화석'이라고 해요.

두토막눈썹참갯지렁이의 U자 모양의 집

두토막눈썹참갯지렁이 (참갯지렁이과)

학명: *Perinereis linea*
몸길이: 평균 12cm
분포: 서해안, 남해안

입주머니 위쪽에 눈썹 모양의 이빨이
마치 두 토막처럼 보여서 붙인 이름이에요.
몸이 청색을 띤다고 '청충이'라고도 하지요.
갯바위 바다 낚시에서 미끼로 많이 쓰여요.
몸길이는 보통 20센티미터까지 자라지요.
U자 모양의 굴을 파고 살면서
갯벌의 흙을 깨끗하게 해요.
입주머니 밖으로 튀어나와 있는 좌우 2개의 턱으로
적을 방어하거나 먹이를 잡아요.

털보집갯지렁이의 집

털보집갯지렁이 (집갯지렁이과)

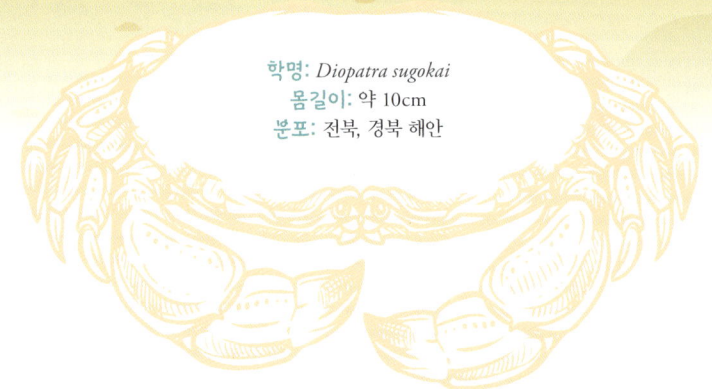

학명: *Diopatra sugokai*
몸길이: 약 10cm
분포: 전북, 경북 해안

머리 쪽에 털이 많아 붙인 이름이에요.
몸은 갈색이고,
앞부분의 등 쪽은 어두운 녹색을 띠어요.
조개껍데기나 조각, 모래 알갱이,
바다 식물 조각이나 뿌리 등으로 집을 짓지요.
몸 일부분만 집 밖으로 내밀고 먹이 활동을 해요.
위험하다 싶으면 재빨리 집 속으로 숨어요.

가시닻해삼 (닻해삼과)

학명: *Protankyra bidentata*
몸길이: 5~10cm, 너비 0.7~0.9cm
분포: 서해안, 남해안

긴 원통 모양의 몸은 연분홍색을 띠고 약간 투명해요.
몸속에 가시처럼 생긴 수많은 돌기가 있어
만지면 껄끄럽지요.
주로 진흙에 살고 몸 표면에는 돌기가 없이 매끈해요.
몸길이 방향으로 띠가 다섯 줄 보여요.
위험에 처했을 때는
스스로 몸의 일부를 떼어 내고 도망가지요.
떨어져 나온 토막은 다시 새로운 개체로 자라요.

넓적왼손집게 (넓적왼손집게과)

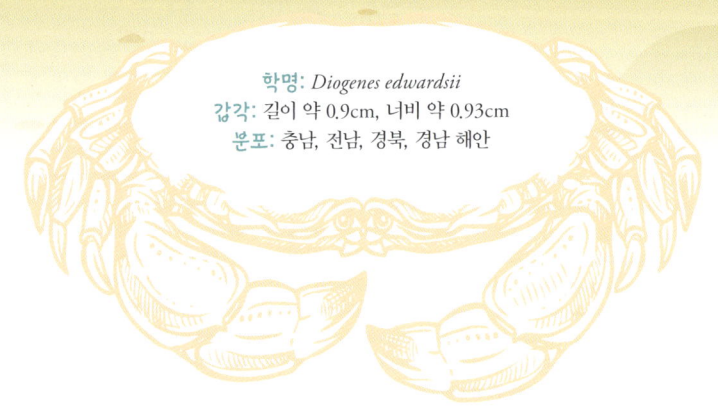

학명: *Diogenes edwardsii*
갑각: 길이 약 0.9cm, 너비 약 0.93cm
분포: 충남, 전남, 경북, 경남 해안

집게는 게와 새우의 중간 형태인 무리예요.
이름처럼 왼쪽 집게다리가 넓고 크지요.
머리, 가슴은 단단하지만 배 부분은 연해요.
날카로운 것에 다치거나
적으로부터 자신을 보호하기 위해
무거운 고둥류 껍데기를 지고 다니지요.
다리와 꼬리에 가시가 나 있어요.

꽃게 (꽃게과)

학명: *Portunus (Portunus) trituberculatus*
갑각: 길이 4cm, 너비 9.9cm
분포: 동해안 일부를 제외한 전 해안

등딱지는 육각형으로, 양 끝이 가시처럼 뾰족해요.
'꼬챙이처럼 날카롭다'라는 뜻에서 붙인
이름이라고 하지요.
좌우의 네 번째 걷는다리가 잘 발달하여
보통 게와는 다르게 헤엄을 잘 쳐요.
껍데기는 초록빛을 띤 연한 청색 또는 짙은 청색이지요.
밤에 움직이고, 낮에는 모래나 진흙 속에 숨어 지내요.
6~8월에는 알을 품고 있어 잡는 것을 금지하고 있어요.
찜, 탕이나 게장으로 즐겨 먹어요.

민꽃게 (꽃게과)

> 학명: *Charybdis japonica*
> 갑각: 길이 약 6.3cm, 너비 약 9.1cm
> 분포: 우리나라 전 해안

등딱지 양 끝이 뾰족하지 않고 민민해서 '민꽃게'라고 해요.
'민민하다'는 '밋밋하다'의 경상남도 사투리예요.
등딱지는 초록빛을 띤 갈색 바탕에 얼룩무늬가 있지요.
두 집게다리는 크기가 거의 비슷하고,
마디마다 날카로운 가시가 있어요.
바다의 돌 밑이나 바위틈에서 볼 수 있어요.
꽃게보다는 작고, '박하지' 또는 '돌게'라고도 해요.

도둑게 (사각게과)

학명: *Chiromantes haematocheir*
갑각: 길이 2~3cm, 너비 약 3.3cm
분포: 서해, 남해, 제주도 해안

바닷가 근처에 살면서 사람 사는 집에 들어와
음식을 훔쳐 먹는다고 해서 붙인 이름이에요.
나무 위에 기어오르기도 하지요.
진한 녹색을 띤 사각형 등딱지는 매끈해요.
붉은색을 띤 집게다리는 대칭이에요.
짝짓기 철에는 검붉게 혼인색을 띠지요.
7~8월에 알을 품고,
8~9월의 만조 때 해안 암석 지대로 이동하여
알에서 깨어난 유생(탈바꿈하는 동물의 어린 개체)을 뿌리지요.

밤게의 짝짓기

밤게(밤게과)

학명: *Pyrhila pisum*
갑각: 길이 2~2.2cm, 너비 1.9~2cm
분포: 서해안, 남해안

등딱지가 동글동글 밤톨처럼 생겼고,
짙은 녹색 바탕에 갈색 무늬가 있어요.
움직임이 매우 느려요.
살짝 건드리면 죽은 척 움직이지 않지요.
죽은 생물을 먹고 살아 갯벌을 깨끗하게 해요.
보통 게와는 다르게
집게다리를 비스듬히 들고 앞으로 걸어요.

딱총새우 (딱총새우과)

학명: *Alpheus brevicristatus*
몸길이: 약 5cm
분포: 서해안, 남해안

딱총새우 무리 가운데 몸집이 큰 편에 속해요.
잘 발달한 큰 집게발은 엄청난 능력을 보여요.
두 집게 발가락을 부딪치면
공기 방울이 만들어지면서 큰 소리가 나지요.
먹잇감이 '딱' 하는 소리에 충격받은 틈을 타 사냥해요.
이때 그 소리가 먼 곳까지 잘 들린다고 하지요.
작은 집게발로 먹이를 먹고, 서로 소통해요.

긴발딱총새우 (딱총새우과)

학명: *Alpheus japonicus*
몸길이: 최대 4.6cm
분포: 강화도, 전북 곰소만, 전남 보성만, 경남 마산 해안

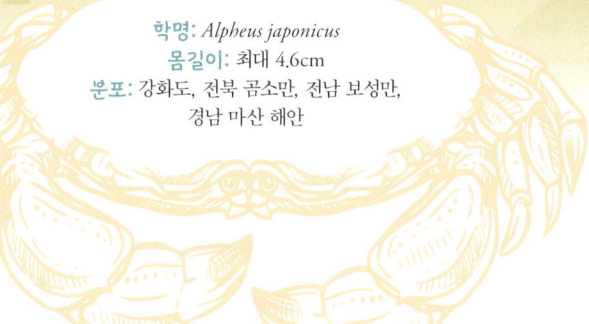

양쪽 집게발이 몸길이의 반보다 더 길어요.
특히 작은 집게발이 큰 집게발보다 가늘고 길지요.
몸은 연한 초록빛을 띤 갈색
또는 붉은빛을 띤 갈색이에요.
몸 마디마다 가로줄의 연한 갈색 띠가 있어요.
작은 무척추동물을 주로 먹지요.

쏙 (쏙과)

학명: *Upogebia major*
몸길이: 약 10cm
분포: 충남, 전남, 전북, 경남, 제주도 해안

생김새가 마치 배가 큰 가재 같아요.
갯벌 구멍에 된장을 풀어서 뿌리고
붓 대롱을 구멍에 넣어 당기면
쏙 나온다고 해서 붙인 이름이에요.
쏙이 많이 사는 곳은 갯벌 표면이 연탄구멍처럼 보이지요.
Y자 모양으로 굴을 파고 살면서
물이 들면 밖으로 나와 먹이 활동을 해요.
굴 깊이가 1미터가 훨씬 넘는 것도 있다고 하지요.
매끈하고도 거의 정확하게 둥근 모양으로 굴을 파요.

풀망둑 (망둑어과)

학명: *Synechogobius hasta*
몸길이: 50cm 이상
분포: 서해와 남해, 동해 남부 해안

우리나라 망둑어류 중에서 가장 커요.
몸통이 가늘고 길며, 누런빛을 띤 갈색 바탕에
열 개 안팎의 점들이 희미하게 있어요.
등지느러미와 꼬리지느러미에는 줄무늬가 없고 노란색을 띠지요.
4~5월에 많게는 수만 개의 알을 낳아요.
소금기의 변화에 적응하는 능력이 매우 뛰어나지요.
경계심이 적고 작은 갑각류와 어류 따위를 먹어요.

바위 해안

갈고둥 (갈고둥과)

학명: *Nerita (Heminerita) japonica*
패각: 높이 약 1cm, 지름 0.1cm
분포: 우리나라 전 해안

나층은 4층이지만,
각 나층을 구분하기가 좀 어려워요.
둥글고 매끈한 껍데기는 검은색 바탕에
누런색 얼룩무늬가 섞여 있어요.
몸체를 보호하는 입구는 반달 모양이지요.
바위 표면에 붙어 있는 식물을 갉아 먹고 살아요.
더운 여름에는 그늘진 곳에서 모여 살지요.

총알고둥 (총알고둥과)

학명: *Littorina brevicula*
패각: 높이 1.4cm, 지름 1.2cm
분포: 우리나라 전 해안

나층은 6층이며,
나탑이 낮은 원뿔 모양이에요.
껍데기는 단단하고 두꺼우며, 표면에 돌기가 있어요.
껍데기는 회색빛을 띤 갈색 또는
검은빛을 띤 갈색 바탕에 다양한 무늬가 흩어져 있지요.
꼭지에서 보면 마치 총알처럼 생겼다고 해요.
바위틈이나 그늘진 곳에 많은 수가 무리 지어서 살아요.
우리나라 해안에서 많이 보이는 고둥이지요.

 둥근얼룩총알고둥(총알고둥과)

학명: *Littoraria articulata*
패각: 높이 1.8cm, 지름 1cm
분포: 서해안, 남해안

나층의 탑이 낮은 원뿔 모양이며,
껍데기 높이보다 지름이 더 길어요.
껍데기는 누런빛을 띤 흰색 바탕에
연한 갈색 줄무늬가 흩어져 있어요.
꼭지 부분은 주로 짙은 녹색을 띠지요.
총알고둥과 같이 섞여 있기도 해요.
바위틈에 무리 지어 살며,
물기가 없어도 잘 견뎌요.

큰뱀고둥 (뱀고둥과)

학명: *Thylacodes adamsii*
패각: 높이 0.9cm, 지름 0.8cm
분포: 서해 남부, 남해, 동해, 울릉도와 독도, 제주도 해안

껍데기는 둥근 관 형태로
뱀이 똬리(둥글게 빙빙 틀어 놓은 것)를 튼 생김새예요.
껍데기 표면에 굵고 얕은 세로 돌기가 있어 주름져 보여요.
색깔은 회색빛을 띤 흰색이나 갈색 등 여러 색을 띠어요.
껍데기 입구에 거미줄 같은
점액질(끈적끈적한 물질) 그물을 쳐 놓고
바닷물 속 유기물이나 플랑크톤을 걸러 먹지요.
바위에 단단히 붙어 있어 움직이지 못해요.

눈알고둥 (소라과)

학명: *Lunella correensis*
패각: 높이 3cm, 지름 2.9cm
분포: 서해와 남해, 제주도 해안

바위나 돌 밑, 고인 물이 있는 곳에서 살아요.
몸체를 보호하는 입구의 뚜껑을 닫으면
눈알 모양이에요.
나층은 5층으로 낮은 원뿔 모양이지요.
껍데기는 전체적으로 둥글며, 두껍고 단단해요.
녹갈색이나 황갈색을 띠고,
표면에 미세한 녹색 식물로 덮여 있기도 해요.

보말고둥 (구명밤고둥과)

학명: *Omphalius rusticus*
패각: 높이 2.5cm, 지름 2.6cm
분포: 충남, 전남, 경북, 경남 해안

나층이 8층이고, 각 나층의 구분이 뚜렷한 편이에요.
나층의 탑이 높은 원뿔 모양이며, 두껍고 단단해요.
껍데기 아랫부분은 삐뚤삐뚤한 밭고랑처럼 보이는
세로줄로 둘러싸여 있어요.
볼록한 부분은 검은색, 오목한 부분은 갈색이에요.
주로 물에 잠긴 바위 밑이나 돌 위에서 살아요.
제주도에서는 고둥 종류를 '보말'이라고 하지요.

개울타리고둥 (밤고둥과)

학명: *Monodonta confusa*
패각: 높이 2.6cm, 지름 2.3cm
분포: 충남, 전남, 경남, 제주도 해안

껍데기 전체가 마치 네모 모양의 작은 벽돌을 쌓아
울타리로 만든 것처럼 보여 붙인 이름이에요.
껍데기가 두껍고 단단하며,
나탑이 낮은 원뿔 모양이지요.
나층은 약 7층이며 동글동글해요.
짙은 녹색과 누런빛을 띤 갈색 무늬가
불규칙적으로 섞여 있어요.
주로 그늘진 바위틈이나 자갈 바닥에 모여 살지요.

피뿔고둥과 비슷한 소라

피뿔고둥 (뿔소라과)

학명: *Rapana venosa*
패각: 높이 15cm, 지름 12cm
분포: 충남, 전북 해안

껍데기가 두껍고 단단하며 무거워요.
누런빛을 띤 흰색 바탕에
붉은빛을 띤 갈색 점무늬가 있지요.
나층은 5층이며 나탑이 낮아요.
시장에서 흔히 만날 수 있는 고둥이에요.
흔히 '소라'라고 부르지만, 소라는 깊은 바다에 살며
껍데기 둘레에 여러 개의 뿔(극)이 있어요.
민물이 섞이는 바닷가 수심 20미터 이내의
얕은 모래땅이나 바위 밑에 살아요.
비어 있는 껍데기에 주꾸미가 알을 낳기도 해요.

대수리 (뿔소라과)

학명: *Reishia clavigera*
패각: 높이 2.2cm, 지름 2cm
분포: 서해 남부, 남해, 동해 남부, 제주도 해안

바위를 뒤덮을 정도로
매우 많은 수가 무리 지어 살아요.
가장 흔하며 숫자가 많다고 해서 붙인 이름이지요.
껍데기는 검은색 또는 검은빛을 띤 갈색이에요.
나층은 6층으로
그 층을 따라 혹이 줄지어 있어요.
물이 빠진 그늘진 바위나 그 틈에 무리 지어 살지요.
조개 등의 껍데기에 구멍을 뚫고 살을 먹는 육식성이에요.
여름철에 내장까지 먹으면 배탈이 나기도 해요.

맵사리 (뿔소라과)

학명: *Ceratostoma rorifluum*
패각: 높이 4cm, 지름 2.2cm
분포: 우리나라 전 해안

껍데기가 두껍고 단단하며, 나층은 7층이에요.
표면에 검은색 또는
갈색의 굵은 세로 주름이 있어요.
삶아 먹으면 약간 매운맛이 난다고 해서 붙인 이름이지요.
많이 먹으면 배가 아프대요.
주로 밤에 활동하며,
낮에는 바위틈이나 돌 밑에 숨어 지내지요.
봄철 번식기에는 무리 지어 짝짓기와 산란을 해요.

호롱애기배말 (두드럭배말과)

학명: *Patelloida conulus*
패각: 길이 약 0.9cm, 높이 0.8cm, 너비 약 0.7cm
분포: 서해, 남해, 제주도 해안

크기가 작은 삿갓 모양의 고둥이에요.
밑면은 둥근 타원 모양이지요.
껍데기는 회색빛을 띤 갈색
또는 회색빛을 띤 흰색이에요.
작긴 해도 껍데기가 두껍고 단단해요.
바위 표면, 전복과 굴, 조개 따위의 표면에 붙어 살지요.
여러 개체가 모여 있기는 해도 무리 짓지는 않아요.

배무래기 (두드럭배말과)

학명: *Nipponacmea schrenckii*
패각: 길이 3cm, 높이 0.5cm, 너비 0.2cm
분포: 서해 남부, 남해, 동해 남부 해안

생김새는 납작한 삿갓 모양이에요.
꼭지는 끝이 뾰족하고
한쪽으로 치우쳐 굽어 있지요.
회색빛을 띤 갈색, 녹색 등 색깔이 다양해요.
건드리면 바위에 더 달라붙어
손으로 떼어 내기 힘들어요.
둥근 바위나 큰 자갈 밑에서 붙어 있어요.

흰삿갓조개 (두드럭배말과)

학명: *Niveotectura pallida*
패각: 길이 6cm, 높이 3.6cm, 너비 5cm
분포: 동해안, 서해안, 남해안

꼭지가 높이 솟아 있고,
삿갓조개류 중에서 가장 커요.
껍데기는 흰색 또는 옅은 누런빛을 띠지요.
껍데기 꼭지에서 가장자리까지
굵은 세로줄이 20여 줄 배열되어 있어요.
껍데기에 바닷말, 따개비 따위가
많이 달라붙어 있지요.

꽃고랑딱개비 (고랑딱개비과)

학명: *Siphonaria sirius*
패각: 길이 1.5cm, 높이 0.4cm, 너비 1.3cm
분포: 남해, 동해 남부, 서해 남부, 제주도 해안

위에서 보면 마치 꽃 모양 같아요.
껍데기는 키가 작은 삿갓 모양이고,
바위에 붙은 밑면은 타원형이에요.
꼭지에서 밑면까지 뻗은 흰색 가로줄이 5~6줄 있어요.
가장자리는 둥글지만 매끈하지는 않지요.
거북손이나 따개비 무리가 모여 있는 주변이나
얕은 웅덩이, 바닷물이 낮게 고인 바위에 주로 살아요.

전복 배쪽

진줏빛 껍데기

 # 전복(전복과)

학명: *Haliotis discus*
패각: 길이 약 12cm, 높이 4.5cm, 너비 9cm
분포: 남해와 제주도 해안

중대형 크기의 까막전복을 가리켜요.
학자에 따라서는 둥근전복이라고도 한대요.
껍데기는 타원 모양으로 두껍고 단단하지요.
표면은 검은빛을 띤 녹갈색,
안쪽은 진줏빛 광택을 띠어요.
등 쪽 가장자리를 따라 분화구 모양으로 호흡구멍이 4~5개 있어요.
사람의 귀처럼 생겼다고 '귀조개(ear shell)'라고 해요.
맛이 좋고 영양이 으뜸이어서 '패류의 황제'라고도 한대요.
우리나라 연안에서 자연 양식을 하고 있는 대표적인 수산자원으로,
미역, 다시마 등을 먹고 살아요.

군부 (군부과)

학명: *Liolophura japonica*
크기: 몸길이 5.5cm, 너비 3.2cm
분포: 동해안, 남해안

8장의 판이 기왓장처럼 포개진 등 껍데기에는
회색빛을 띤 갈색 바탕에 검은빛을 띤 갈색 무늬가 있어요.
등 껍데기는 곰팡이로 부식되어 있거나 닳아서 거칠지요.
껍데기로 둘러싸인 두툼한 육질 부분은
주로 옅은 붉은빛을 띤 갈색이며 흰색 띠가 있어요.
여기에 짧고 단단한 가시 모양의 돌기로 덮여 있지요.
껍데기가 나누어져 있어
활처럼 몸을 굽힐 수도 있어요.
울퉁불퉁한 바위에 잘 붙어 있어
파도에 휩쓸리거나 적으로부터 자신을 보호하는 데 유리해요.

연두군부 (연두군부과)

학명: *Ischnochiton comptus*
크기: 몸길이 2.3cm, 너비 1.3cm
분포: 경북, 경남, 제주도 해안

생김새는 길쭉한 동그라미 모양이에요.
몸통은 납작한 편이지요.
등 껍데기는 군부처럼 8장의 판으로 되어 있어요.
등이 펑퍼짐해서 껍데기를 둘러싼 육질 부분이 얇아요.
껍데기는 짙은 밤색에서 갈색까지 여러 가지 색을 띠지요.
머리 판과 꼬리 판에 작은 알갱이들이 수십 개씩 퍼져 있어요.
수심이 얕은 곳에서 바위를 들추면
여러 개체가 달라붙어 있는 것을 볼 수 있지요.

털군부 (가시군부과)

학명: *Acanthochitona defilippii*
크기: 몸길이 4~5cm, 너비 4cm
분포: 강원도, 경북, 경남, 제주도 해안

등 껍데기의 폭이 좁은 대신,
몸 아래 육질 부분은 폭이 넓어요.
몸통 가장자리 양쪽으로 털 묶음이 9쌍 있지요.
등 껍데기는 어두운 갈색 또는 어두운 청색을 띠어요.
육질 부분은 초록빛을 띤 갈색이에요.
굴이나 따개비 틈에서 주로 찾을 수 있지요.
물이 빠지는 썰물 때는 그늘진 바위틈에 달라붙어 있어요.
바위를 천천히 기어다니면서 먹이를 먹지요.

굴 (굴과)

학명: *Magallana gigas*
패각: 길이 5cm, 높이 10cm
분포: 서해안, 남해안

바위에 붙어 사는 꽃이라고 해서
'석화(石花)'라고도 해요.
껍데기 모양은 가지 모양,
원뿔 모양 따위로 일정하지 않아요.
껍데기 한쪽은 바위에 붙어 있고,
한쪽은 얇은 껍데기가 겹겹이 쌓여 있어요.
가장자리에 주름이 있지요.
암컷과 수컷이 번갈아 나타나는 암수한몸이에요.
플랑크톤을 걸러 먹으며, 영양가가 풍부해서 '바다의 우유'라고 해요.
서해안에서는 갯벌에서 키우기도 하지요.

굵은줄격판담치 (홍합과)

학명: *Mytilisepta virgata*
패각: 길이 약 4cm, 높이 약 3cm
분포: 강원, 전남, 경북, 경남, 제주도 해안

담치 종류 중 가장 작아요.
실처럼 생긴 분비물(족사)로 강한 파도에도 끄떡없이
바위에 단단히 붙어서 무리 지어 살아요.
껍데기는 검은색이지만, 표면이 벗겨져서
회색빛을 띤 갈색 또는
붉은빛을 띤 자주색이 드러나기도 하지요.
따개비, 굴 무리와 함께 바위에 오종종하게 붙어 살면서
대수리 같은 육식성 고둥 무리의 먹이가 되어요.

지중해담치 (홍합과)

학명: *Mytilus galloprovincialis*
패각: 길이 7cm, 높이 4cm
분포: 우리나라 전 해안

예전에는 진주담치라고 알려졌어요.
지중해에서 들어온 외래종이라 붙인 이름이에요.
달걀 모양인 껍데기는
앞쪽이 좁고 뒤쪽으로 갈수록 넓어져요.
가장자리 끝부분이 곧고 날씬하며
검은빛을 띤 보라색 광택이 있어요.
홍합보다는 작고, 껍데기가 얇으며 깨끗한 편이에요.
족사를 양식장이나 해상의 밧줄과 구조물에 붙이고 살아요.

홍합 (홍합과)

학명: *Mytilus unguiculatus*
패각: 길이 약 14cm, 높이 6.7cm
분포: 우리나라 전 해안

보통 조개류보다 속살이 붉어(수컷은 흰색) 붙인 이름이지요.
껍데기는 삼각형 또는 타원형으로 크고 두꺼워요.
껍데기의 가장자리 끝부분이 굽어 있어요.
검은색이거나 갈색이 섞여 있는 껍데기에
따개비나 굴 따위가 붙어 있기도 하지요.
홍합 무리 가운데 가장 크고,
우리 토산종이라는 뜻으로 '참담치'라고도 해요.
족사로 바위에 단단히 붙어 있지요.
우리나라 독도와 울릉도에서는 밀집하여 살고 있어요.
지금은 남해안에서 양식하기도 한대요.

파래가리비 (가리비과)

학명: *Azumapecten farreri*
패각: 길이 5~7cm, 너비도 길이와 비슷
분포: 동해안, 서해안, 남해안

부채꼴인 껍데기는 짙은 갈색, 붉은빛을 띤 자주색이지요.
굵은 방사륵 사이사이에 가느다란 방사륵도 있어요.
'백령도 가리비'로 유명하며,
지난날에는 '비단가리비'로 기록되었지요.
동해에서는 깊이 10미터 안팎의 모랫바닥에
얕게 파고들어 살아가고,
서해에서는 깊이 20미터 안팎의 바위에
족사를 붙여 산다고 해요.

석회관갯지렁이 (석회관갯지렁이과)

학명: *Serpula vermicularis*
몸길이: 2~3cm
분포: 우리나라 전 해안

바위 표면이나 조개껍데기 그리고 산호 따위에
흰색 원통 모양으로 석회질 관을 만들어 붙이고,
그 속에서 살아가는 갯지렁이들이에요.
석회관은 흰색이며, 세로줄이 여럿 있어요.
몸을 숨기고 먼지떨이처럼 생긴 아가미 깃털을
밖으로 내밀고 먹이 활동을 하지요.
아가미 깃털을 조금씩 드러내고 꽃봉오리가 터지듯
먹이 활동을 하는 모습이 예뻐서 '꽃갯지렁이'라고도 해요.
물이 빠져나가는 썰물 때에는 석회관에 몸을 숨겨요.

담황줄말미잘 (줄말미잘과)

학명: *Diadumene lineata*
크기: 높이 약 2cm, 너비 1~1.5cm
분포: 우리나라 전 해안

우리나라에서 가장 흔하게 볼 수 있는 말미잘이에요.
몸통은 짙은 녹색이며,
담황색(옅은 누런색) 세로줄 무늬가 선명해요.
줄무늬가 전혀 없기도 하고, 오렌지빛을 띠는 것도 있지요.
바위에 단단히 붙어 있거나
항구나 양식장의 밧줄에도 많이 달라붙어 있어요.
많은 수가 무리를 이루고 있으면 꽃밭처럼 보이기도 하지요.
'오렌지줄말미잘'이라고도 해요.
이 친구는 우리나라 해안은 물론 전 세계에 분포하지요.

풀색꽃해변말미잘 (해변말미잘과)

학명: *Anthopleura fuscoviridis*
크기: 높이 4~6cm, 너비 3.5cm
분포: 우리나라 전 해안

몸 색은 개체에 따라 차이가 있지만
보통 풀색을 띠어요.
연한 갈색 또는 분홍색 촉수를 펼치고 있으면
마치 꽃이 피어 있는 것처럼 보이지요.
몸에 조개껍데기나 모래 알갱이가 붙어 있어요.
몸을 움츠릴 때는 이것들에 가려 몸통이 거의 보이지 않지요.
촉수로 먹이를 잡아먹어요.
썰물 때 물이 고인 웅덩이에서 흔히 볼 수 있지요.

돌기해삼 (돌기해삼과)

학명: *Apostichopus japonicus*
몸길이: 15~20cm
분포: 동해안, 서해안, 남해안

해삼은 '바다의 인삼'이라는 뜻이에요.
날카로워 보이지만 부드러운 큰 돌기들과
사이사이 작은 돌기들이 흩어져 있어
몸 표면이 울퉁불퉁해요.
몸 색은 다양하지만 주로 갈색이나 녹색을 띠어요.
오이처럼 생겼다고 '바다오이(sea cucumber)'라고도 하지요.
입과 항문은 서로 반대쪽에 자리하고 있어요.
공격을 받거나 위협을 느끼면 항문으로 내장을 뿜어내기도 해요.
바닷물의 온도가 섭씨 25도 이상이면 여름잠을 자요.
바다의 바닥을 기어다니면서 유기물을 먹어 치우는 청소 동물이에요.

보라성게 (만두성게과)

학명: *Heliocidaris crassispina*
크기: 5cm 정도
분포: 우리나라 전 해안

생김새는 공을 반으로 자른 모양이며 단단해요.
길고 억센 가시들이 밤송이처럼 돋아 있어요.
가시가 보라색을 띠어 붙인 이름이지요.
성게 무리는 바위틈에 머물다가 밤이면 기어 나와
감태나 미역 따위의 바닷말을 갉아 먹어요.
가시에 독성이 있어 찔리지 않게 조심해야 해요.
별미 음식인 성게알은 날로 먹거나 국으로 끓여 먹지요.

우렁쉥이 (멍게과)

학명: *Cynthia roretzi*
크기: 10~18cm
분포: 울릉도를 포함한 동해안, 남해안, 제주도 북부 해안

흔히 '멍게'라고 부르는데, 요즘은 둘 다 표준어예요.
타원형의 몸통은 붉은색 또는 주황색이며,
딱딱하고 두꺼운 껍질에 싸여 있어요.
도톰한 돌기가 많이 나 있고, 바위에 붙어 살지요.
몸 위쪽에는 물을 빨아들이는 입수공과
그 아래쪽으로 물을 내뿜는 출수공이 있어요.
출수공에서 물을 내뿜는 모습에서
영어 이름은 '바다의 물총'이라는 뜻이지요.
생김새에 빗대어 '바다의 파인애플'이라고도 해요.

미더덕 (미더덕과)

학명: *Styela clava*
몸길이: 5~10cm
분포: 우리나라 전 해안

물에 사는 더덕이라고 하여 붙인 이름이에요.
몸통은 곤봉 모양이며,
껍질이 거칠고 주름이 잡혀 있어 우둘투둘해요.
몸길이가 15~20센티미터인 개체도 보여요.
세로줄이 있는 자루 끝을 바위나 돌에 붙이고 살아요.
둥근 돌기가 많은 몸 앞쪽에는
물을 들이마시는 입수공과
물과 배설물을 내뿜는 출수공이 있지요.
찜이나 찌개에 넣어 먹기도 하는데,
이때 입천장이 데이지 않게 조심해야 해요.

거북손 (부처손과)

학명: *Capitulum mitella*
몸길이: 3~4cm, 최대 6cm
분포: 우리나라 전 해안

머리의 생김새가 마치 거북의 손을 닮아 붙인 이름이지요.
몸에서 분비한 석회질로 만들어진 머리는
여러 개의 세모꼴 판으로 이루어졌어요.
그 아래는 동글동글한 작은 판이 둘러싸고 있지요.
머리 쪽에서 좌우 여섯 쌍의 덩굴 모양인 다리를 뻗어
플랑크톤을 걸러 먹어요.
수분의 증발을 막기 위해 바위틈에
자루 부분을 붙이고 무리 지어 살지요.
남해안에서 주로 발견되며, 특히 섬에 많아요.
게나 새우와 비슷한 맛이에요.

검은큰따개비 (사각따개비과)

학명: *Tetraclita japonica*
패각: 높이 3~4cm, 지름 3~4cm
분포: 남해안, 서해안 섬들, 강원도 남부 해안

위에서 볼 때 생김새가 화산의 분화구 같고,
옆에서 볼 때는 원뿔 모양이지요.
색은 진한 회색 또는 회색빛을 띤 갈색이며
표면이 거칠고 울퉁불퉁해요.
바닷물에 젖으면 검은색으로 보여요.
따개비 무리 가운데 대형 종이지요.
거북손과 마찬가지로
덩굴 모양의 다리를 뻗어 플랑크톤을 걸러 먹어요.
바닷물이 맑은 곳의 바위에 단단하게 붙어서 무리 지어 살지요.

고랑따개비 (따개비과)

학명: *Fistulobalanus albicostatus*
패각: 지름 1~2cm
분포: 포항 이북의 동해안을 제외한 전 해안

껍데기 표면에 세로줄 고랑이 있어요.
생김새는 원통 모양에 가까운 원뿔 모양이지요.
껍데기는 자주색이나 회색이에요.
서해안에서 많이 보이는 따개비 무리로,
남해안에서도 만날 수 있지요.
바위뿐만 아니라 조개껍데기, 배의 밑, 목재 등
항구의 시설물에 붙어서 살아요.
육지의 물이 흘러드는 곳에도 많이 보이지요.

빨강따개비 (따개비과)

학명: *Megabalanus rosa*
패각: 지름 3~4cm
분포: 강원도, 전남, 경북, 경남 해안

껍데기는 분홍색 또는 빨간색이지만
이따금 흰색도 눈에 띄어요.
매끄러운 표면에 희미하게 가로줄이 나 있어요.
바위보다는 표면이 매끄러운 부표 따위에
붙어서 사는 것을 쉽게 볼 수 있지요.
때로는 홍합 껍데기에 붙어 살기도 해요.
바닷물이 맑고, 염분 농도가 높은
따뜻한 바다에 주로 살지요.

조무래기따개비 (조무래기따개비과)

학명: *Chthamalus challengeri*
패각: 지름 0.8cm 안팎
분포: 우리나라 전 해안

소형 따개비 무리로, 껍데기가 납작하고
울퉁불퉁하며 회색을 띠어요.
바닷물의 영향을 가장 작게 받는
육지와 가까운 곳에 살아요.
물 밖에 노출되면 수분이 증발되지 않게
껍데기 입구를 막고서 잘 견뎌요.
많은 수가 무리 지어 있지요.
밀물 때 바닷물이 꽉 차게 들어올 때(만조)나 파도가 강할 때
덩굴 모양의 다리로 물속의 플랑크톤을 걸러 먹어요.

꽃부채게 (부채게과)

학명: *Macromedaeus distinguendus*
갑각: 길이 1.7cm, 너비 2.5cm
분포: 서해안, 남해안, 제주도 해안

생김새가 부채 모양이에요.
등딱지가 울퉁불퉁하고, 볼록한 부분에 알갱이들이
가로로 줄지어 있어 주름진 것처럼 보여요.
두 집게다리에서 오른쪽이 크며,
두툼하고 억세게 생겼어요.
집게다리에 비해 걷는다리들은 짧은 편이에요.
각각 다리 끝이 뾰족하지요.
바위틈, 빈 굴 껍데기 속에 살아요.

풀게 (참게과)

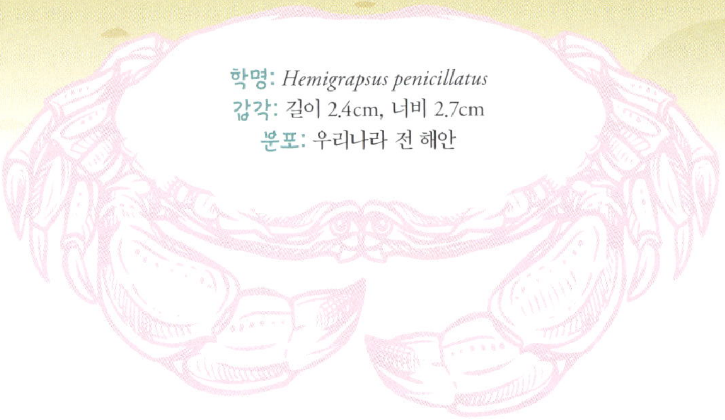

학명: *Hemigrapsus penicillatus*
갑각: 길이 2.4cm, 너비 2.7cm
분포: 우리나라 전 해안

등딱지는 뒷부분이 약간 좁은 사각형이에요.
사는 환경에 따라 변화가 심해
생김새나 색이 많이 달라요.
등딱지가 약간 볼록하고 울퉁불퉁하게 보이지요.
두 집게다리는 크기가 같아 대칭을 이루고,
수컷은 집게다리 양쪽에 털 다발이 있지만, 암컷은 없어요.
바위 밑이나 자갈 지대에 사는데,
자갈 지대에서는 자세히 살펴봐야 해요.
납작게와 매우 비슷하게 생겼지만 턱이 가로로 갈라져 있어요.
우리나라 바위 해안에서 흔하게 보여요.

사는 환경에 따라 생김새나 색이 달라요.

무늬발게 (참게과)

학명: *Hemigrapsus sanguineus*
감각: 길이 2.8cm, 너비 3.2cm
분포: 우리나라 전 해안

등딱지는 사각형에 가깝고
너비가 길이보다 조금 더 크지요.
털이 없이 매끈한 등딱지는 초록빛을 띤 갈색
또는 누런빛을 띤 갈색이고,
크고 작은 붉은빛을 띤 자주색 점무늬가 흩어져 있어요.
걷는다리도 등 쪽과 같은 색이며,
붉은빛을 띤 자주색 점들이 모여 줄무늬를 이루고 있지요.
집게다리는 대칭으로 크기가 같아요.
미국과 유럽에서 들어온 외래종이에요.

납작게 (참게과)

학명: *Gaetice depressus*
갑각: 길이 1.5cm, 너비 1.7cm
분포: 우리나라 전 해안

등딱지가 무늬발게와 비슷하게 뒤가 좁은 사각형으로
너비가 길이보다 조금 더 커요.
등딱지는 편평하고 매끈하지요.
대칭을 이루고 있는 두 집게다리도 매끈해요.
수컷의 집게가 암컷의 집게보다 크지요.
대체로 바닷물이 맑은 곳의 바위 밑이나 자갈 지대에 살아요.
갑각 색도 사는 곳에 따라
자갈이나 조개껍데기와 비슷한 색을 띠지요.
풀게와 비슷하지만 턱이 세로로 비스듬히 갈라져 있어요.
위험하다 싶으면 두 집게다리를 쳐들고 덤비는 자세를 취해요.

사각게 (사각게과)

학명: *Parasesarma pictum*
감각: 길이 1.3cm, 너비 1.4cm
분포: 강원, 경기, 전남, 전북, 경북, 경남, 제주도 해안

등딱지는 사각형이고, 이마 중간이 조금 오목해요.
몸은 전체적으로 갈색과 검은색이 어우러져 있지만,
색과 무늬가 매우 다양하지요.
걷는다리에 길고 뻣뻣한 털이 있어요.
주로 바닷물의 영향을 받지 않는
육지와 가까운 곳에서 살아요.
행동이 민첩하지 않아
가까이 다가가 자세히 볼 수 있어요.

갯강구 (갯강구과)

학명: *Ligia exotica*
몸길이: 3~4.5cm
분포: 우리나라 전 해안

바닷가 바위나 축축한 곳에
수십 마리씩 무리 지어 살아요.
몸은 누런빛을 띤 갈색, 검은빛을 띤 갈색이지요.
머리에는 더듬이가 한 쌍 있고,
붓끝 모양의 꼬리마디가 두 갈래로 갈라졌어요.
강구는 충청도와 경상도에서 바퀴벌레를 가리켜요.
곧 '바다 바퀴벌레'라는 뜻이지요.
움직임이 매우 빠르고,
썩은 것을 먹어 치워 바위 해안을 깨끗하게 해요.

불등풀가사리 (풀가사리과)

학명: *Gloiopeltis furcata*
크기: 길이 5~10cm, 지름 0.2~0.5cm
분포: 우리나라 전 해안

붉은빛을 띤 홍조류에 속하는 무리예요.
바위 해안 가장 위쪽 부분에서 무리 지어 자라요.
짙은 갈색, 붉은색 등을 띠지요.
원통 모양의 줄기에서 불규칙하게 Y자 모양으로
가지가 나누어져요.
가지 중간이 볼록 튀어나와 부풀어 오른 것 같아요.
꼭대기는 둥글거나 뾰족하지요.
줄기는 가죽처럼 질기고 속이 비어 있어
누르면 탱글탱글한 탄력이 있어요.

작은구슬산호말(산호말과)

학명: *Corallina pilulifera*
길이: 10cm
분포: 남해안

바닷가 웅덩이에서 무리 지어 살아요.
막대 모양의 줄기에서 작은 가지가
위로 갈수록 넓고 납작하게 퍼져
부채 모양을 이루지요.
그 모습이 마치 납작한 향나무 잎처럼 보여요.
흰색을 띤 가지 맨 끝 가장자리가
마치 구슬처럼 보여 붙인 이름이에요.
기후 변화를 알 수 있는 생물 지표종이지요.

생물 지표종이란 한 생물종이 자라는 지역이나 서식지의 기후,
토양 또는 환경 특성을 잘 보여 주는 종을 가리킵니다.
요즘은 환경에 미치는 오염 물질의 영향이 커짐에 따라
환경 오염도를 가늠하는 기준이 되는 지표식물이
눈길을 끌고 있지요.

다시마 (다시마과)

학명: *Saccharina japonica*
크기: 길이 2~3m, 너비 30cm
분포: 우리나라 전 해안

갈색을 띤 갈조류에 속하는 큰 바닷말이며,
두께가 2~3밀리미터 정도로 두꺼워요.
누런빛을 띤 갈색 또는 검은빛을 띤 갈색이지요.
띠 모양의 잎 가장자리에 물결 모양이 있기도 해요.
자루 모양의 줄기 그리고 잎, 뿌리 구분이 뚜렷하지요.
바다 밑에 빽빽이 모여 자라 숲을 이루기도 해요.
국물 맛을 우려내는 데 많이 쓰이지요.

지충이 (모자반과)

학명: *Sargassum thunbergii*
길이: 0.5~1m
분포: 우리나라 전 해안

검은빛을 띤 갈색으로 큰 바닷말이에요.
원기둥 모양의 줄기에서
여러 가닥의 중심 가지가 끈 모양으로 뻗지요.
이 가지에 짧은 가지가 나고,
그 짧은 가지에 작은 잎이 뭉쳐 나요.
물 밖에서는 중심 가지 하나하나가
마치 밧줄이 늘어져 있는 것처럼 보여요.
기후 변화를 알 수 있는 생물 지표종이지요.

톳 (모자반과)

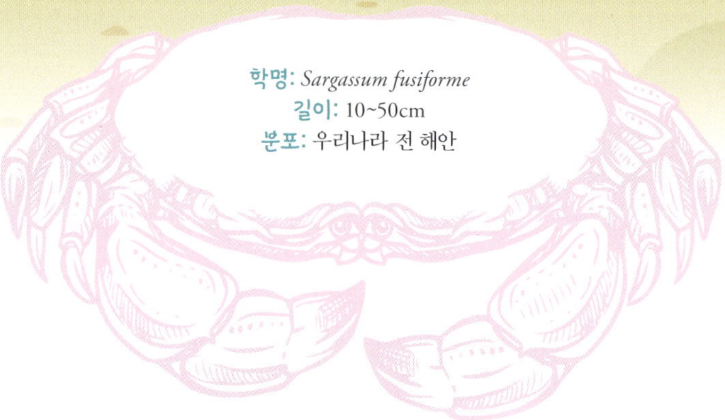

학명: *Sargassum fusiforme*
길이: 10~50cm
분포: 우리나라 전 해안

갈조류의 바닷말이에요.
파도가 심하지 않고 펄이 약간 덮인 바위에 붙어
커다란 무리를 이루며 자라요.
가지에서 뻗은 작은 잎은 곤봉 모양 또는 주걱 모양이지요.
지방에 따라서 '톳나물'이라고도 해요.
자라는 모양이 마치 사슴 꼬리와 비슷하지요.
오도독오도독 씹히는 식감이 있어요.
식량이 부족했던 시절에는
곡식과 섞어 톳밥을 지어 먹었다고 하지요.
제주도에서는 1미터 이상 자라기도 해요.

청각(청각과)

학명: *Codium fragile*
길이: 30~40cm
분포: 우리나라 전 해안

몸빛이 녹색을 띤 녹조류예요.
원기둥 모양의 짙은 녹색 가지 하나가
사슴뿔 모양으로 갈라져요.
Y자 모양으로 두 갈래로 갈라진 가지들은
전체적으로 부채꼴 모양을 이루지요.
만지면 감촉이 폭신하고 매끄러워요.
바위나 조개껍데기 또는 다른 바닷말에 붙어서 살지요.
기후 변화를 알려주는 생물 지표종이에요.

가시파래 (갈파래과)

학명: *Ulva prolifera*
길이: 10~30cm
분포: 우리나라 전 해안

녹조류에 속하며, 모양이나 크기가 매우 다양해요.
줄기는 원통 모양으로 조금 납작하지요.
줄기에서 수많은 곁가지가 나오고,
다시 실처럼 가느다란 작은 가지들이 나와요.
가을에서 이듬해 봄까지 무성하게 자라요.
민물이 흘러드는 곳에서 잘 자라고 오염에도 강하지요.
웅덩이나 바위, 자갈 위, 말뚝 따위에 붙어서 무리를 이루어요.
무침이나 부침개로 많이 먹지요.
우리나라 모든 연안에서 볼 수 있고,
특히 서남해안에서 대규모 군체로 자라요.

군체란 같은 종류의 개체가 많이 모여서 공통의 몸을 이루어 살아가는 무리라는 뜻이에요. 해면, 산호 따위와 같은 무척추동물과 세균, 곰팡이 따위와 같은 미생물에서 볼 수 있습니다.

모래 갯벌

댕가리 (갯고둥과)

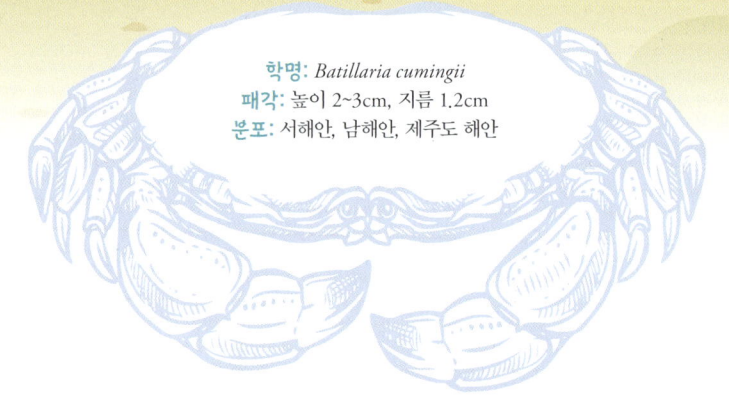

학명: *Batillaria cumingii*
패각: 높이 2~3cm, 지름 1.2cm
분포: 서해안, 남해안, 제주도 해안

껍데기는 탑 모양이고,
나탑은 원뿔 모양을 이루고 있어요.
모두 11층으로 이루어져 있지요.
몸체가 있는 입구는 좁고,
껍데기에 흰색 띠가 여러 개 있어요.
육지의 물이 흘러드는 곳에서 무리 지어 살지요.

비단고둥 (밤고둥과)

학명: *Umbonium costatum*
패각: 높이 약 2cm, 지름 3cm
분포: 강원, 충남, 전남, 경남, 제주도 해안

껍데기가 두툼하고 단단해요.
바둑알처럼 납작한 모양에 나탑은 원뿔 모양이지요.
나층은 7층이고 대체로 매끈한 편이에요.
옅은 누런색 껍데기에 일정한 간격으로
검은빛을 띤 갈색 점무늬가 배열되어 있어요.
껍데기 색이 비단처럼 아름답다고 해서 붙인 이름이지요.

 황해비단고둥 (밤고둥과)

학명: *Umbonium thomasi*
패각: 높이 0.8cm, 지름 1.5cm
분포: 경기, 충남, 전남 해안

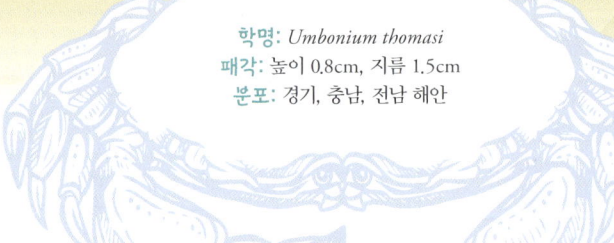

'서해비단고둥'이라고도 해요.
비단고둥과 비슷하게 생겼지만 크기가 더 작지요.
껍데기는 얇지만 단단해요.
생김새는 나탑이 낮은 원뿔 모양이지요.
누런빛을 띤 흰색 바탕에
물결무늬가 연속적으로 이어져 있어 아름다워요.
껍데기가 매끈하고 광택이 나지요.

큰구슬우렁이 알집

큰구슬우렁이 (구슬우렁이과)

학명: *Neverita didyma*
패각: 높이 9cm, 지름 12cm
분포: 우리나라 전 해안

껍데기 높이가 우렁이보다 낮은 편이에요.
두껍고 단단한 껍데기가 매끈하고 광택이 나요.
나층은 5층이지만 맨 아래층이 대부분을 차지해요.
발을 넓게 펴서 먹잇감을 뒤덮고,
작은 이빨들이 늘어서 있는 톱과 비슷한 줄 모양의 치설로
조개껍데기에 구멍을 뚫어 속살을 빨아 먹지요.
여름과 가을, 모래 갯벌 곳곳에 사발 모양의 알주머니를 낳아요.
흔히 '골뱅이'라고 불러요.
모래만 있는 곳보다 모래에 펄이 섞인 곳을 더 좋아하지요.

개량조개 (개량조개과)

학명: *Mactra chinensis*
패각: 길이 8cm, 높이 6cm
분포: 동해안, 서해안, 남해안

껍데기는 둥근 삼각 모양이며 얇은 편이에요.
색은 갈색 또는 노란색이며,
세로로 짙은 황토색 줄무늬가 있어요.
주로 물이 맑은 곳의 고운 모래더미에 얕게 파고들어 살지요.
몸속에서 모래를 빼내는 데 2~3일 걸려요.
해방 후 가난한 시기에 배고픔을 달래주어
'해방조개'라고도 했대요.
지역에 따라 명주조개, 노랑조개, 무조개, 연평조개 등
부르는 이름도 많아요.

동죽 (개량조개과)

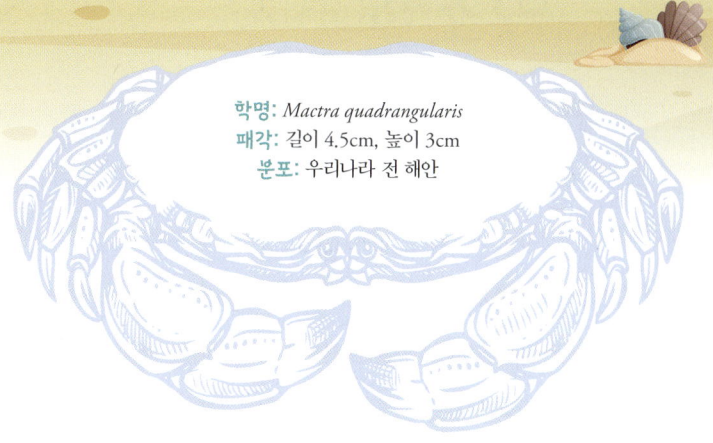

학명: *Mactra quadrangularis*
패각: 길이 4.5cm, 높이 3cm
분포: 우리나라 전 해안

껍데기가 둥근 삼각 모양에 볼록하고 통통해요.
누런빛을 띤 연한 갈색 또는 회색빛을 띤 흰색,
그리고 사는 지역에 따라 검은색을 띠기도 하지요.
타원 모양의 구멍을 파고 무리 지어 살아요.
아주 많이 잡혀서 '또죽'이라고 했대요.
국물 요리에 즐겨 쓰이지요.

맛조개 (죽합과)

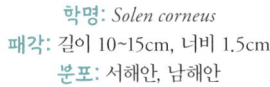
학명: *Solen corneus*
패각: 길이 10~15cm, 너비 1.5cm
분포: 서해안, 남해안

껍데기는 녹색을 띤 갈색으로 대나무처럼 가늘고 길어요.
길쭉한 껍데기가 얇아서 잘 부서져요.
생김새가 대나무 마디를 닮았다고
'죽합'이라고도 하지요.
흔히 '맛'이라고도 해요.
여느 조개류보다 입수공과 출수공이 길어요.
썰물 때 숨구멍을 찾아 그곳에 소금을 뿌린 뒤
속살이 구멍 밖으로 나오면 캐내지요.

백합 (백합과)

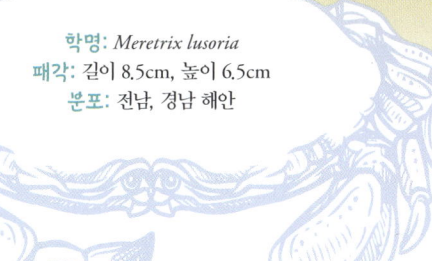

학명: *Meretrix lusoria*
패각: 길이 8.5cm, 높이 6.5cm
분포: 전남, 경남 해안

껍데기는 둥근 삼각 모양에
어두운 갈색 또는 회색빛을 띤 흰색이지요.
매끈하고 광택이 나는 껍데기에 빗살무늬가 있어요.
고급 조개라는 뜻에서 '상합'이라고도 하며,
'조개의 여왕'으로 불리기도 해요.
'그레'라는 도구를 끌고 다니면서
'딸각' 걸리는 느낌으로 잡아요.
껍데기는 오랜 옛날부터 장신구 따위로 쓰였고,
지금은 바둑돌을 만드는 데 쓰이지요.

빛조개 (자패과)

학명: *Nuttallia japonica*
패각: 길이 5cm, 높이 4cm
분포: 서해안, 남해안

타원 모양으로 얇고 납작한 껍데기는
반들반들 광택이 나요.
붉은빛을 띤 갈색, 누런빛을 띤 갈색,
검은빛을 띤 갈색이지요.
영어권에서는 껍데기의 빛이
마치 저녁노을처럼 아름답다고
'선셋(Sunset)' 조개라고 해요.
납작해서 '납작조개'라고도 하지요.

황금색 고리 무늬 (출처: 국립생물자원관)

주꾸미 (문어과)

학명: *Amphioctopus fangsiao*
몸길이: 20~30cm
분포: 서해안, 남해안

낙지와 비슷하지만 크기가 작아요.
몸 색은 회색빛이 도는 자주색, 누런빛을 띤 갈색,
검은빛을 띤 갈색 따위로 변이가 심하지요.
몸통이 타원형의 주머니 모양이에요.
눈 사이의 좌우로 양쪽 세 번째 다리 부분에
황금색의 고리 무늬가 있어요.
길이가 거의 비슷한 다리 길이는 몸통의 두 배 정도예요.
밤에 활동하고, 어두운 곳을 좋아해요.
이 성질을 이용하여 피뿔고둥의 껍데기를 줄에 묶어
바다 밑에 가라앉혀 잡기도 하지요.

개불의 집

개불 (개불과)

학명: *Urechis unicinctus*
몸길이: 15~20cm
분포: 서해 중부 이하, 남해안, 동해 남부 해안

몸은 원통형으로 누런빛을 띤 갈색이에요.
주둥이는 원뿔 모양으로 납작해요.
몸이 부드럽고 연해 오므렸다 늘였다 할 수 있어요.
피부에 아주 작은 돌기들이 돋아 있지요.
모래 진흙 바닥에 U자 모양의 구멍을 파고 살아요.
구멍에 도넛 모양의 모래가 솟아 있어요.
이들이 파 놓은 구멍으로 바닷물이 쉽게 드나들어
갯벌을 깨끗하게 해 주지요.
회로 먹기도 하는데 오돌오돌 씹히고 달짝지근해요.

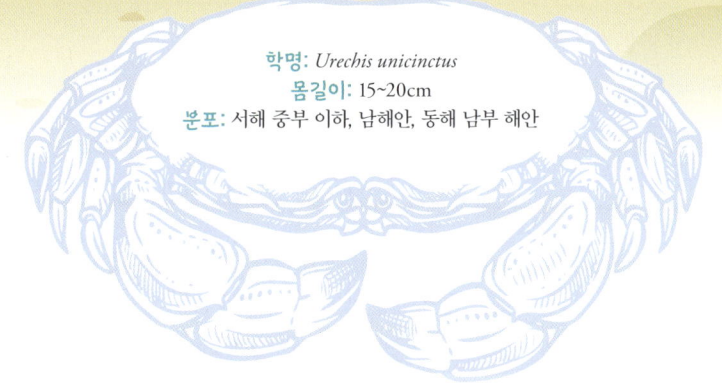

검은띠불가사리 (검은띠불가사리과)

학명: *Luidia quinaria*
몸길이: 8~13.5cm
분포: 우리나라 전 해안

몸통은 누런빛을 띤 갈색 또는 옅은 회색을 띠고,
몸통에서 팔 끝까지 검은색 띠가 이어져 있어요.
불가사리는 보통 등 쪽에 가시가 있지만,
촉감은 대체로 매끈해요.
조개, 전복, 게 따위를 먹고 살아요.
불가사리란 이름은 쇠를 먹는다는 상상의 동물로,
죽일 수 없다는 뜻의 '불가살이(不可殺伊)'가 변한 것이라고 해요.
팔을 아무리 잘라도 다시 돋아나 이에 빗대어 붙인 이름이지요.

별불가사리 (불가사리과)

생김새가 별 모양이라서 '바다의 별'이라고 해요.
우리나라에 사는 불가사리 종류 가운데 가장 흔하지요.
몸은 보통 짙은 남색 바탕에 붉은색 또는 주황색,
노란색의 무늬가 불규칙하게 있어요.
팔은 보통 다섯 개이지만 4~9개가 있는 개체도 있지요.
여느 불가사리와는 다르게 속도가 느리고 힘이 약해서
죽어가는 생물이나 죽은 생물을 먹어요.
이러한 먹이 습성으로 바닷물의 오염을 막기도 하지요.

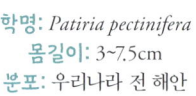
학명: *Patiria pectinifera*
몸길이: 3~7.5cm
분포: 우리나라 전 해안

아무르불가사리 (불가사리과)

학명: *Asterias amurensis*
몸길이: 최대 30cm
분포: 우리나라 전 해안

러시아 '아무르' 지역의 추운 곳이 고향이라
바닷물이 차가운 곳에 살아요.
팔 끝에서 몸통 쪽으로 갈수록
폭이 넓어지고 두툼해져요.
몸은 등 쪽의 연한 노란색 바탕에 보라색 무늬가 있거나
전체가 연한 노란색이고 팔 끝에 보라색 무늬가 있어요.
몸의 색깔 변화가 심하지요.
전복, 홍합, 조개 따위에 해를 끼치는 생물이에요.
먹이가 부족할 때는 서로 잡아먹기도 하지요.

 # 하드윅분지성게 (분지성게과)

학명: *Temnopleurus hardwickii*
몸길이: 지름 2~5cm
분포: 우리나라 전 해안

몸통은 연한 분홍색이고,
공을 반으로 자른 모양이지요.
세로로 연한 흑갈색의 띠가 있어요.
옅은 갈색인 큰 가시 끝은 대체로 뭉툭한 편이지만,
큰 가시들 사이에 자잘한 가시들이 빼곡해요.
가시에 독성이 강해 조심해야 해요.
조개껍데기를 붙여서 위장하기도 하지요.

바다선인장 (바다선인장과)

학명: *Cavernularia obesa*
몸길이: 약 10cm
분포: 남해안

물속에서 보면 온몸에 촉수가 나와 있어
마치 가시가 돋아난 선인장처럼 생겼어요.
물 밖에선 촉수가 몸 안으로 들어가고,
몸통이 주황색을 띠어요.
모래 갯벌에서 물을 이용해 말랑말랑한 몸을
부풀렸다 줄였다 하면서 움직이지요.
몸통의 뾰족한 부분으로 갯벌을 파고 들어가
몸을 세우고 물속에서 촉수를 뻗어 먹이 활동을 해요.
밤에 몸에 자극을 받으면 초록빛의 형광색을 내지요.

그물무늬금게 (금게과)

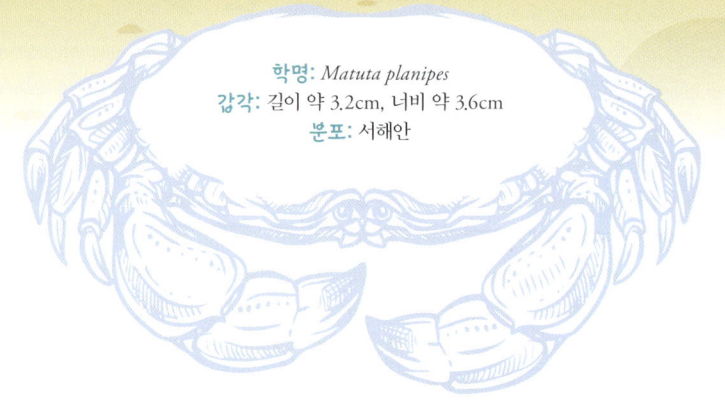

학명: *Matuta planipes*
갑각: 길이 약 3.2cm, 너비 약 3.6cm
분포: 서해안

등딱지의 생김새가 둥근 원 모양이고,
몸 색은 푸른빛을 띤 노란색이에요.
양쪽 가장자리에 날카로운 가시가 하나씩 돋아 있어요.
등딱지에 마치 자줏빛 그물 무늬가 그려진 듯해요.
뒤쪽으로 갈수록 그물 무늬가 커져요.
행동이 느리지만
'노'처럼 생긴 걷는다리로 헤엄칠 수도 있어요.

길게 (칠게과)

학명: *Macrophthalmus (Macrophthalmus) abbreviatus*
갑각: 길이 1.5cm, 너비 3.2cm
분포: 우리나라 전 해안

등딱지가 직사각형이에요.
너비가 길이의 2배 정도 더 커요.
양쪽 집게다리는 대칭으로 붉은빛을 띤 짙은 갈색이에요.
가운데에 가로로 돌기가 10~12개 있지요.
암컷 집게다리보다 수컷 집게다리가 더 크고 모양도 달라요.
가느다란 걷는다리 긴 마디에 억센 털이 있지요.
눈자루가 하얗고 길어요.
비스듬히 구멍을 파고 살지요.

달랑게 (달랑게과)

학명: *Ocypode stimpsoni*
갑각: 길이 1.8cm, 너비 2.1cm
분포: 우리나라 전 해안

등딱지는 사각형이고 너비가 길이보다 더 크지요.
앞쪽으로 자잘한 돌기가 흩어져 있어요.
집게다리는 비대칭으로 어느 한쪽이 더 커요.
눈자루가 짧고 몸집에 비해 눈이 커다랗지요.
육지와 가까운 갯벌에서 수직에 가깝게 구멍을 파고 살아요.
먹이 활동으로 모래 **경단**을 만들지만,
엽낭게가 만든 경단보다는 커요.
예민하고 매우 빨라서 모래 갯벌의 달리기 선수라고 해요.

경단은 찹쌀가루나 찰수수 따위의 가루를 반죽하여 밤톨만 한 크기로 동글동글하게 빚어 끓는 물에 삶아 낸 후 고물을 묻히거나 꿀이나 엿물을 바른 떡입니다. 또는 그런 모양의 것을 가리키지요.

범게 (범게과)

학명: *Orithyia sinica*
갑각: 길이 약 9.9cm, 너비 약 9.3cm
분포: 충남 아산, 인천 덕적도 서포리, 전북 비응도 해안

등딱지가 타원형의 한쪽 끝을 자른 모양새예요.
둥글고 볼록한 등 쪽에 호랑이 눈 같은 점이 한 쌍 있어요.
다리는 갈색 바탕에 짙은 갈색 줄무늬로,
마치 호랑이(범) 무늬 같아 붙인 이름이지요.
이마에 가시 모양의 돌기가 3개 있고,
눈구멍 주위로 가시가 4개 있어요.
등딱지 앞쪽으로 알갱이 모양의 돌기가 촘촘하고,
사마귀 같은 동글동글한 돌기도 있지요.
전 세계에 한 종만 있는 것으로 알려져 있어요.

엽낭게 (콩게과)

학명: *Scopimera globosa*
갑각: 길이 0.8~1.1cm, 너비 1.1~1.4cm
분포: 서해안, 남해안

등딱지는 둥그스름한 사다리꼴로 콩알 모양이에요.
몸 색은 서식지에 맞춰 모래색을 띠어요.
양쪽 집게다리는 대칭이며, 수컷이 암컷보다 훨씬 더 커요.
걷는다리들에 뻣뻣한 털이 있어요.
모래와 모래 사이의 작은 먹잇감을 걸러 먹고
경단처럼 모래 뭉치를 만들어 내뱉지요.
엽낭게의 먹이 활동으로 모래밭이 온통 모래 뭉치로 가득해요.
덕분에 모래밭이 깨끗해져요.
모래밭에서 수직으로 구멍을 파고 살아요.

속살이게류 (속살이게과)

학명: *Pinnotheridae*
갑각: 길이 0.5~1cm
분포: 서해안, 남해안

스스로 살지 못하고
다른 생물(조개, 굴, 해삼, 물고기 등)에게
의지해서 더부살이하는 무리예요.
껍데기는 대부분 둥글고 말랑말랑한 편이지요.
눈구멍과 눈은 퇴화되었어요.
양쪽 집게다리는 대칭을 이루고 있지요.
보통 속살이게의 암컷은 더부살이하는 개체 밖으로 나오지 않고,
수컷이 짝짓기 때 암컷을 찾아온다고 해요.

갯가재 (갯가재과)

학명: Oratosquilla oratoria
몸길이: 14cm 안팎
분포: 우리나라 전 해안

몸은 옅은 갈색이며 등 쪽에 붉은색 줄이 4줄 있어요.
가슴다리 5쌍 중에
제2가슴다리(큰 집게다리)로 먹이를 잡아요.
마치 사마귀가 먹잇감을 잡을 때 쓰는
커다란 앞발을 닮았지요.
접었다 펴는 속도가 빨라서 먹이를 사냥하는 능력이 뛰어나요.
넓적한 꼬리마디와 꼬리다리로 구멍을 파고 살지요.
밤에 활동하고, 낮에는 구멍 속에서 숨어 지내요.
새우를 주로 잡아먹으며 자기 영역에 들어오는 생물도
닥치는 대로 잡아먹어 '갯벌의 무법자'라고도 해요.

쏙붙이 (쏙붙이과)

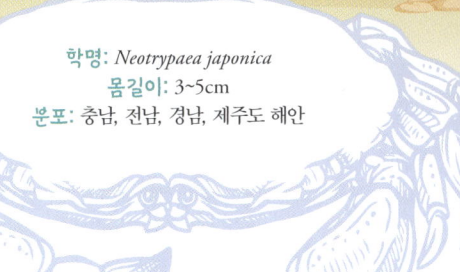

학명: *Neotrypaea japonica*
몸길이: 3~5cm
분포: 충남, 전남, 경남, 제주도 해안

껍데기가 우윳빛처럼 불투명한 흰색이라
몸속의 내장이 보여요.
붉은색 내장이 연한 노란색으로도 보이지요.
집게다리는 비대칭으로 한쪽이 엄청 커요.
표면이 매끈하고 광택이 나지요.
썰물 때 쏙붙이가 지나간 자국을 볼 수 있어요.
깊이 30~50센티미터 구멍을 파고 살면서
바닷물이 들어오면 밖으로 나와 활동하지요.

자주새우 (자주새우과)

학명: *Crangon affinis*
몸길이: 4~5cm
분포: 경남 해안

갑각 등 쪽은 매끈하고, 머리가슴이 납작해요.
등 쪽 위와 좌우 양쪽에 가시가 하나씩 있어요.
검은빛을 띤 갈색 점들이 몸 전체에 흩어져 있어
모래색과 비슷한 색을 띠지요.
이렇게 주변 모래색처럼 위장을 해서
자세히 관찰해야 보여요.
위험에 놓이면 재빠르게 움직여 모래 속으로 숨어요.

해안 사구

갯그령 (벼과)

바닷가 모래땅에서 사는 식물로 여러해살이풀이에요.
잎의 폭은 1센티미터가량이지요.
잎 앞면은 거칠지만 뒷면은 매끄러워요.
잎 가장자리는 물결 모양이에요.
땅속 뿌리줄기를 옆으로 길게 뻗으면서 무리를 이루며 자라요.
5월에 줄기 끝에서 긴 원뿔 모양으로 꽃이 모여 피고
6~7월에 열매가 익어요.
꽃차례 전체에 털이 있지요.

학명: *Leymus mollis*
높이: 1m 정도
분포: 울릉도를 제외한 전 해안

갯쇠보리 (벼과)

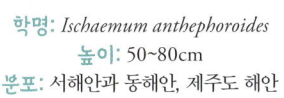

학명: *Ischaemum anthephoroides*
높이: 50~80cm
분포: 서해안과 동해안, 제주도 해안

바닷가 모래땅에서 사는 식물로
여러 줄기가 느슨하게 뭉쳐나요.
가지가 갈라지고 줄기 마디에
부드러운 은백색 털이 빽빽해요.
꽃은 누런빛을 띤 갈색으로 7~9월에 피어요.
줄기 끝에서 한쪽 방향으로 치우친
2개의 꽃차례가 합쳐져 하나의 원통 모양을 이루지요.
자루가 없는 작은이삭과 자루가 있는 작은이삭이 같은 마디에 달려요.
열매는 9~10월에 익지요.
'바닷가에 자라는 작은(쇠) 보리'라는 뜻이며, 털이 많아 '털쇠보리'라고도 해요.
제방(둑)을 보호하기 위해 심기도 하지요.

 좀보리사초 (사초과)

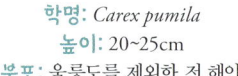

학명: *Carex pumila*
높이: 20~25cm
분포: 울릉도를 제외한 전 해안

통보리사초에 비해 좀스러운 보리사초라는 뜻이지요.
길게 옆으로 뻗은 땅속줄기 군데군데에서
잎이 자라요.
꽃대 끝 위쪽에 그물처럼 얽혀 있는
1~3송이의 갈색 수꽃이삭과
아래쪽에 2~3송이의 암꽃이삭이
함께 달리는 암수한그루예요.
통보리사초와 섞여서 자라고, 흔히 '모래사초'라고 해요.
잘 발달된 뿌리줄기로 모래 언덕을 보호한다고 하지요.
여러해살이풀이에요.

수꽃이삭

통보리사초 (사초과)

학명: *Carex kobomugi*
높이: 15~25cm
분포: 우리나라 전 해안

바닷가 모래땅에서 자라는 여러해살이풀이에요.
세모 모양의 줄기 끝에서 이삭꽃차례로 모여 달리지요.
암꽃이삭과 수꽃이삭이 따로 달리는 암수딴그루예요.
암꽃대는 폭이 넓고 굵은 보리이삭처럼 생겼으며,
수술이 잔뜩 달린 수꽃이삭은 솜방망이처럼 보여요.
늦은 봄부터 암꽃대가 잎과 함께 나와 초여름까지 자라면
이에 맞춰 수꽃대가 초여름경에 나타나지요.
이삭이 커다래 좀보리사초와 쉽게 구별되어요.
좀보리사초보다 잎의 폭이 넓고 밝은 녹색을 띠지요.
'큰보리대가리(열매 모양이 큰 보리를 닮았다는 뜻)'라고도 해요.

갯메꽃 (메꽃과)

학명: *Calystegia soldanella*
길이: 30~80cm
분포: 중부지방 이남 해안

줄기가 땅 위를 기거나 다른 물체를 감고 올라가는
덩굴성 여러해살이풀이에요.
잎은 하트 모양, 콩팥 모양이며 윤이 나고 도톰한 편이지요.
모래 속에서 굵은 땅속줄기가 옆으로 뻗으면서 자라요.
5~7월에 잎겨드랑이에서 올라온 꽃자루에
꽃이 한 송이씩 피어요.
꽃은 깔때기 모양에 분홍색이며,
아침에 일찍 피었다가 저녁에는 오므라들어요.

갯완두 (콩과)

학명: *Lathyrus japonicus*
길이: 15~60cm
분포: 우리나라 전 해안

덩굴성 여러해살이풀이에요.
육지의 완두콩 모양의 열매를 맺어 붙인 이름이지요.
비스듬히 누워서 줄기를 뻗고,
줄기 위쪽에 덩굴손이 있어요.
잎은 어긋나며, 작은 잎 8~12장이 깃털 모양으로 달리지요.
6~7월에 잎겨드랑이에서 자주색 또는
드물게 흰색으로 나비 모양의 꽃이 3~5송이씩 피어요.
열매는 긴 타원형의 꼬투리 모양으로 초록색이며,
다 익으면 검은빛을 띤 갈색으로 바뀌지요.

갯방풍 씨앗

 **갯방풍**(미나리과)

학명: *Glehnia littoralis*
높이: 20~30cm
분포: 우리나라 전 해안

여러해살이풀이며,
곧추선 붉은색 줄기에 흰색 털이 빽빽해요.
잎 앞면은 윤기가 나고,
가장자리에 불규칙한 톱니가 있지요.
뿌리잎과 줄기 아래쪽 잎은 잎자루가 길고 땅 위에 퍼져 자라요.
6~7월에 줄기 끝에서 흰색 꽃이 우산 모양으로 모여 피지요.
바닷바람을 견디기 위해 뿌리 길이가 키 높이의 2~3배 이상이에요.
잎줄기는 요리로, 뿌리는 한약재로 많이 이용해요.
'방풍'은 바람이 병을 일으키는 '풍'을
막아 준다는 뜻에서 붙인 이름이지요.

갯씀바귀 (국화과)

학명: *Ixeris repens*
높이: 꽃자루 길이 3~15cm
분포: 동해안, 경기도 이남의 서해안, 제주도 해안

여러해살이풀이며,
줄기는 땅속에서 옆으로 길게 뻗으며 자라요.
땅속으로 뻗은 줄기에서 잎만 땅 위로 고개를 내밀지요.
두꺼운 잎은 손바닥 모양으로 보통 세 갈래로 갈라져요.
5~9월에 잎겨드랑이에서 꽃자루가 나오고,
머리 모양의 노란색 꽃이 2~5송이씩 피지요.
육지의 씀바귀와 마찬가지로 줄기를 자르면 흰 즙이 나와요.
줄기와 씨는 한약재로 쓰이고, 잎은 나물로 먹지요.

모래지치 (지치과)

학명: *Tournefortia sibirica*
높이: 25~40cm
분포: 우리나라 전 해안

바닷가 모래땅에서 자라는 여러해살이풀이에요.
모래 속에서 길게 뻗으며 자라는 땅속줄기에서
줄기가 나오고 가지를 많이 치지요.
잎은 두툼하고 양면에 흰색 잔털이 많아 녹백색으로 보여요.
5~7월에 줄기 끝이나 가지 윗부분의 잎겨드랑이에서
꽃자루가 나오고, 위쪽 끝에서부터 아래로 흰색 꽃이 피지요.
'지치'는 뿌리가 보랏빛을 띠어
'자초'라고 부른 데서 비롯되었다고 해요.

잎겨드랑이에서 피는 꽃

수송나물 (명아주과)

학명: *Salsola komarovii*
높이: 20~50cm
분포: 우리나라 전 해안

바닷가 모래땅에서 자라는 한해살이풀이에요.
줄기는 밑에서 가지가 나와 비스듬히 자라지요.
잎은 통통한 통 모양에 털이 없지만,
자라면서 딱딱해지고 끝이 가시처럼 뾰족해져요.
꽃은 잎겨드랑이에서 꽃자루 없이
옅은 녹색으로 7~8월에 피지요.
이름은 바닷가에서 자라는
소나무(송) 잎을 닮은 나물이란 뜻이에요.
어린순이 솔잎과 닮아 '가시솔나물'이라고도 해요.

순비기나무(마편초과)

학명: *Vitex rotundifolia*
높이: 20~80cm
분포: 중부지방 이남 해안

바닷가 모래땅에서 자라는 늘푸른(상록) 떨기나무예요.
떨기나무란 키가 작고 원줄기와 가지의 구별이
분명하지 않으며, 밑동에서 가지를 많이 치는
나무를 가리키지요.
제주도 사투리 숨비나무에서 변한 이름이에요.
줄기는 땅 위로 길게 뻗어 옆으로 자라면서 뿌리를 내리지요.
잎은 두툼하고 넓은 타원형이며 마주나기해요.
잎 전체에 흰색 잔털이 많아요.
가지 끝에서 7~9월에 꽃부리가 입술 모양인
연한 보라색의 꽃이 피지요.

숨비나무에서
숨비는 숨을 참고 물속으로 들어간다는 뜻의
제주도 사투리예요. 이 나무는 옛날부터
해녀들이 잘 걸리는
잠수병에 효과가 좋다고 알려졌습니다.

해당화 씨

해당화 (장미과)

학명: *Rosa rugosa*
높이: 1~1.5m
분포: 우리나라 전 해안

해안가 모래땅에서 많이 보이는 낙엽 떨기나무예요.
줄기는 모여나고 가시와 털이 촘촘해요.
잎은 서로 어긋나며,
작은 잎 7~9장이 깃털 모양을 이루지요.
잎은 주름이 많고 두툼하며, 뒷면에 잔털이 많아요.
잎 가장자리에는 자잘한 톱니가 있지요.
5~7월에 가지 끝에서 1~3송이씩
붉은색 꽃과 때때로 흰색 꽃이 피어요.
꽃향기가 짙어서 향수의 원료로 쓰이지요.

찾아보기

펄 갯벌 생물은 **붉은색**, 혼성 갯벌 생물은 **고동색**, 바위 해안 생물은 **보라색**, 모래 갯벌 생물은 **황토색**, 해안 사구 생물은 **초록색**으로 구분했습니다.

ㄱ

가는갯능쟁이(명아주과) 51
가리맛조개(작두콩가리맛조개과) 22
가시닻해삼(닻해삼과) 71
가시파래(갈파래과) 130
가지게(사각게과) 29
갈게(참게과) 30
갈고둥(갈고둥과) 82
갈대(벼과) 42
갈색새알조개(새알조개과) 65
개량조개(개량조개과) 136
개맛(개맛과) 68
개불(개불과) 142
개울타리고둥(밤고둥과) 88
갯가재(갯가재과) 154
갯강구(갯강구과) 123
갯개미취(국화과) 48
갯그령(벼과) 158
갯길경(갯길경과) 41
갯메꽃(메꽃과) 162
갯방풍(미나리과) 164
갯쇠보리(벼과) 159
갯씀바귀(국화과) 165
갯완두(콩과) 163
갯우렁이(구슬우렁이과) 20
갯잔디(벼과) 44
거북손(부처손과) 112
검은띠불가사리(검은띠불가사리과) 143
검은큰따개비(사각따개비과) 113
고랑따개비(따개비과) 114
군부(군부과) 97
굴(굴과) 100
굵은줄격판담치(홍합과) 101
그물무늬금게(금게과) 148
기수우렁이(기수우렁이과) 18

긴발딱총새우(딱총새우과) 78
길게(칠게과) 149
꼬막(돌조개과) 23
꽃게(꽃게과) 73
꽃고랑딱개비(고랑딱개비과) 95
꽃부채게(부채게과) 117

ㄴ

나문재(명아주과) 52
낙지(문어과) 26
납작게(참게과) 121
넓적왼손집게(넓적왼손집게과) 72
농게(달랑게과) 37
눈알고둥(소라과) 86

ㄷ

다시마(다시마과) 126
달랑게(달랑게과) 150
담황줄말미잘(줄말미잘과) 106
대수리(뿔소라과) 90
대추귀고둥(대추귀고둥과) 21
댕가리(갯고둥과) 132
도둑게(사각게과) 75
돌기해삼(돌기해삼과) 108
동죽(개량조개과) 137
두토막눈썹참갯지렁이(참갯지렁이과) 69
둥근얼룩총알고둥(총알고둥과) 84
딱총새우(딱총새우과) 77
떡조개(백합과) 63

ㅁ

말뚝망둑어(망둑어과) 39
맛조개(죽합과) 138
맵사리(뿔소라과) 91
모래지치(지치과) 166
모시조개(백합과) 62
무늬발게(참게과) 120
미더덕(미더덕과) 111
민꽃게(꽃게과) 74
민챙이(포도고둥과) 61

ㅂ

바다선인장(바다선인장과) 147
바지락(백합과) 64
밤게(밤게과) 76
방게(참게과) 31
방석나물(명아주과) 53
배무래기(두드럭배말과) 93
백합(백합과) 139
범게(범게과) 151
별불가사리(불가사리과) 144
보라성게(만두성게과) 109
보말고둥(구멍밤고둥과) 87
불등풀가사리(풀가사리과) 124
비단고둥(밤고둥과) 133
비쑥(국화과) 50
빛조개(자패과) 140
빨강따개비(따개비과) 115

ㅅ

사각게(사각게과) 122
사데풀(국화과) 49
새꼬막(돌조개과) 24

새조개(새조개과) 66
석회관갯지렁이(석회관갯지렁이과) 105
세스랑게(여섯니세스랑게과) 33
속살이게류(속살이게과) 153
수송나물(명아주과) 167
순비기나무(마편초과) 168
쏙(쏙과) 79
쏙붙이(쏙붙이과) 155

ㅇ
아무르불가사리(불가사리과) 145
연두군부(연두군부과) 98
엽낭게(콩게과) 152
왕좁쌀무늬고둥(좁쌀무늬고둥과) 60
우렁쉥이(멍게과) 110

ㅈ
자주새우(자주새우과) 156
작은구슬산호말(산호말과) 125
전복(전복과) 96
조무래기따개비(조무래기따개비과) 116
좀보리사초(사초과) 160
주꾸미(문어과) 141
지중해담치(홍합과) 102
지채(지채과) 47
지충이(모자반과) 127
짱뚱어(망둑어과) 40

ㅊ
참갯지렁이(참갯지렁이과) 27
참게(참게과) 32
천일사초(사초과) 46

청각(청각과) 129
총알고둥(총알고둥과) 83
칠게(칠게과) 34
칠면초(명아주과) 56

ㅋ
큰구슬우렁이(구슬우렁이과) 135
큰뱀고둥(뱀고둥과) 85
키조개(키조개과) 67

ㅌ
털군부(가시군부과) 99
털보집갯지렁이(집갯지렁이과) 70
톳(모자반과) 128
통보리사초(사초과) 161
퉁퉁마디(명아주과) 54

ㅍ
파래가리비(가리비과) 104
펄털콩게(콩게과) 36
풀게(참게과) 118
풀망둑(망둑어과) 80
풀색꽃해변말미잘(해변말미잘과) 107
피뿔고둥(뿔소라과) 89
피조개(돌조개과) 25

ㅎ
하드윅분지성게(분지성게과) 146
해당화(장미과) 169
해홍나물(명아주과) 58

호롱애기배말(두드럭배말과) 92
홍합(홍합과) 103
황해비단고둥(밤고둥과) 134
흰발농게(달랑게과) 38
흰삿갓조개(두드럭배말과) 94
흰이빨참갯지렁이(참갯지렁이과) 28